**Wolfram Goertz**

# *Klassik scheibchenweise 2*

## 100 neue CD-Tipps für Musikfreunde

W0021711

**Droste**

Die Deutsche Bibliothek - CIP Einheitsaufnahme

Klassik scheibchenweise 2 : 100 neue CD-Tipps für Musikfreunde /
Wolfram Goertz. - Düsseldorf : Droste, 2002
ISBN 3-7700-1147-3


© 2002 Droste Verlag GmbH, Düsseldorf
Einband: Petra Schneider
Satz: Droste Verlag, Düsseldorf
Druck und Bindung: B.o.s.s Druck und Medien GmbH, Kleve
ISBN 3-7700-1147-3

# Inhalt

# Vorwort

Mit dem ersten Band von „Klassik scheibchenweise" haben wir offenbar
ins Schwarze getroffen: Die Resonanz war überwältigend. In der Tat: Wer nicht
regelmäßig Fachzeitschriften mit CD-Empfehlungen liest, findet sich in der
unübersehbaren Flut von Neuerscheinungen kaum noch zurecht – erst recht
nicht in der Fülle von Wiederveröffentlichungen aus den Back-Katalogen der
Schallplattenfirmen. In solcher Not möchte auch Band 2 von „Klassik scheibchenweise" Orientierung geben.

Wiederum bietet das Büchlein eine ganz persönliche Auswahl bekannter
und weniger bekannter Meisterwerke der Musikgeschichte – in der nach meinem
Empfinden besten Aufnahme. Auch ein paar Raritäten finden Eingang ins Buch.
Wer kennt denn beispielsweise schon Frederick Delius' herrliche Oper
„Fennimore und Gerda"?

Selbstverständlich haben wir sorgfältig darauf geachtet, dass alle aufgeführten
CD's lieferbar sind. Gleichwohl kann dafür keine Garantie gegeben werden;
die Streichungslisten zumal der internationalen Konzerne verfahren mitunter

*überraschend und nach seltsamen Kriterien. Manchmal fallen sogar als unan-*
*tastbar geltende Referenz-Aufnahmen den Katalog-Aufräumarbeiten der Firmen*
*zum Opfer. Tröstlicherweise kehren sie in der Regel – teils unter neuen*
*Bestellnummern – zurück in den Katalog. Da gilt es beim Kauf hartnäckig zu*
*bleiben und den Händler auf seinen Service zu verpflichten. Selbst von CD's, die*
*offiziell vom Markt genommen wurden, gibt es meistens noch Lagerbestände.*

*Für weiter gehende Fragen stehe ich den Lesern von „Klassik scheibchenweise 2"*
*gerne zur Verfügung. Hilferufe erreichen mich unter:*
*Wolfram Goertz, Rheinische Post, Kulturredaktion, 40196 Düsseldorf.*
*E-mail: wolfram.goertz@rheinische-post.de*

*Und nun wünsche ich viel Genuss beim Lesen, Kaufen und Hören.*

*Wolfram Goertz*

# Porträt Wolfram Goertz

*Wolfram Goertz wurde 1961 in Mönchengladbach geboren. Mit fünf Jahren saß er am Klavier, mit neun an der Kirchenorgel. Auch mit dem Saxofon machte er mächtig Lärm. Das Studium der Musikwissenschaft und Philosophie in Köln und Bochum sowie der Kirchenmusik in Aachen erzog ihn zu leiserem, konzentriertem Arbeiten – bis hin zu einer Magisterarbeit über Arien-Strukturen bei J. S. Bach.*

*Doch früh schon galt seine wahre Neigung den schnellen Texten: 1978 verfasste er seine erste Musikkritik für die Rheinische Post. Später folgten Kölner Stadt-Anzeiger, Süddeutsche Zeitung, Neue Zürcher Zeitung, Fono Forum, DIE ZEIT. Über den Komponisten Tilo Medek drehte er ein Porträt im WDR-Fernsehen.*

*1989 wurde Goertz als Musikredakteur bei der Rheinischen Post in Düsseldorf angestellt. Damit sein Kontakt zur Musik nicht einseitig bleibt, leitet er seit 1991 den Jazzchor der Fachhochschule Niederrhein. Als Organist und Chorleiter gab er Konzerte in Frankreich, Italien, Finnland, den Niederlanden und der Schweiz.*

*Regelmäßig wirkt er als Juror beim Wettbewerb „Jugend musiziert" mit, bei dem er es als Knabe selber einmal bis zum Landesfinale schaffte. 1994 bekam Goertz für seine Musikkritiken den Förderpreis für Literatur der Landeshauptstadt Düsseldorf. Er ist Dozent an der Musikhochschule Düsseldorf.*

**Arnold Schönberg**

# „Pelleas und Melisande"

*Als Maurice Maeterlinck im Jahr 1893 sein Schauspiel „Pelleas und Melisande"
veröffentlichte, traf es die Komponisten wie ein elektrischer Schlag.
Jeder wollte es vertonen, einige taten es – gottlob Promis darunter: Fauré, Sibelius,
Debussy, Schönberg.*

*Arnold Schönberg trug sich wie Debussy mit dem Gedanken an eine große Oper,
wozu ihn übrigens Richard Strauss animierte, wechselte aber ins rein orchestrale
Fach der symphonischen Dichtung. So war es ihm möglich, die Musik radikal zu
versprachlichen, sie in Schichten zu staffeln und ihre Polyphonie auf die Spitze zu
treiben. Es gibt eine Stelle, da fünf Motive einander überlagern.
An Ausdrucksfanatismus ist Schönbergs Opus 5 wohl kaum zu überbieten,
zumal es mit üppigster Klangentfaltung einher kommt.*

# 101

*Eine geradezu klassische Aufnahme dieses verzückten und verzückenden Werks bietet Sir John Barbirolli, der mit dem New Philharmonia Orchestra alle Sinne schärft, auf dass sich niemand im musiksymbolistischen Dickicht verheddere. Erweitert wird die CD mit Strauss' „Metamorphosen" – eine gute, sinnvolle Kombination.*

**Arnold Schönberg, „Pelleas und Melisande", Strauss, „Metamorphosen";
New Philharmonia Orchestra, Sir John Barbirolli**
EMI CD 5 65067 2

**Franz Schubert**

# 7. und 8. Sinfonie

*Vor einiger Zeit kam Post eines freundlichen Herrn. Er hat alle 100 CD-Tipps aus Band eins von „Klassik scheibchenweise" analysiert, elektronisch verzettelt und statistisch ausgewertet. Donnerwetter! Der Leser als solcher ist schon eine segensreiche Institution. Im Anschreiben hieß es, er vermisse noch die beiden lebenswichtigen Schubert-Sinfonien Nr. 7 h-moll („Unvollendete") und 8 („Große C-Dur-Sinfonie").*

*Nun, verehrter Herr: Da haben sich wohl unsere Gedanken gekreuzt – hier sind die beiden Werke. Ob wir beide uns geschmacklich einigen? Ich empfehle sie in den faszinierenden Aufnahmen des (australischen) Dirigenten Sir Charles Mackerras mit dem (englischen) Orchestra of the Age of Enlightenment. In ihnen treffen der Erlebniskitzel historischer Instrumente und die Musizier-*

*Erfahrung eines Routiniers befruchtend aufeinander, ohne dass es zu dogmatischer Engstellung käme. Die Aufnahmen waren damals, in den 80er Jahren, ein früher Meilenstein auf dem Weg des Originalklangs in die Romantik. Sie begriffen Musik als unerforschtes Fremdgebiet und atmen den Tripelgeist aus Sorgfalt, Kühnheit und Enthusiasmus. Dermaßen geedelt und geadelt, hat selbst die verheerend abgespielte „Unvollendete" endlich wieder die Kraft der zwei Herzen.*

**Franz Schubert, Sinfonien Nr. 5, 7 und 8;**
**Orchestra of the Age of Enlightenment, Sir Charles Mackerras**
Nr. 5 (B-Dur) und 7 (h-moll) – Virgin / EMI CD 5 61305 2
Nr. 8 (C-Dur) – Virgin / EMI CD 5 61245 2

**Joseph Haydn**

# Klavierkonzerte

# 103

*Jemand da, der quer durchs ganze Jahr ausschließlich Heidegger, Hegel, Proust, Musil, Johnson und Joyce liest? Ach, beizeiten mag es ein Krimi unterm Plumeau, eine Klatschspalte beim Frisör oder ein Klassik-CD-Tipp am Frühstückstisch sein. Drum heute kein epochales Gipfelwerk, sondern Leichtes, Feines, Hübsches vom großen Joseph Haydn, das man ohne lähmende Ehrfurcht genießen kann. Nichts nötigt einen, hier in jedem Takt die Revolution der Musikgeschichte zu erkennen. Gleichwohl müssen diese drei Klavierkonzerte von den Interpreten in jeder Faser ernst genommen werden, sonst kriecht etwas peinlich Gönnerhaftes ins Musizieren.*

*Das kann Leif Ove Andsnes und dem Norwegischen Kammerorchester nicht passieren. Sie lassen uns spüren, dass sie das Arglose mit der gleichen unendlichen Liebe behandeln, die sie ansonsten den Giganten widmen. Und mit Präzision und Charme zünden sie einen prächtigen Ohrenzauber. Den zu genießen es im Leben übrigens viele Gelegenheiten gibt: Canasta-Abende, die Einkommensteuer-Erklärung und Salatputzen.*

 **Joseph Haydn, Klavierkonzerte Nr. 4 G-Dur, Nr. 3 F-Dur, Nr. 11 D-Dur; Norwegisches Kammerorchester, Leif Ove Andsnes (Klavier und Leitung)**
EMI CD 5 56960 2

# 104

## „Psalmensymphonie"

*Der Neoklassizismus des großen Igor Strawinsky war ein offenbar sehr geräumiges Atelier, indem er seine blitzenden Techniken zur – wie er sagte – „Entdeckung der Vergangenheit" in schöner Ausführlichkeit ausprobieren konnte. Manchmal spannte er vor unschuldige Musik alter, ferner Zeiten verblüffende Zerrfilter; anderswo nahm er sich alte Texte vor, um sie zu zerbasteln und neu zu vernetzen. In sein Visier kamen Haydn, Jazz, Verdi, Gesualdo, J.S. Bach, Latein oder Pergolesi. Musik über Musik: Manchmal war es Spaß, oft war es Ernst, immer war es Liebe.*

*Hier haben wir ein erlesenes Sortiment: die bewegende, tief erfüllte Psalmensymphonie, das aufgeweckt blinzelnde Konzert für Klavier und Bläser sowie die wundervolle, raffinierte, charmante Pulcinella-Suite. Am Pult hochrangiger Ensembles: der Enthusiast Leonard Bernstein. Nichts buchstabiert er, alles formt er, spendet ätzenden Witz und hymnische Verdichtung, stellt grandiose Spannung her und ist dann wieder mit einer Direktheit im Element, dass die Wände wackeln.*

**Igor Strawinsky, Psalmensymphonie, Konzert für Klavier und Blasinstrumente, Pulcinella-Suite; English Bach Festival Choir, London Symphony Orchestra, Seymour Lipkin (Klavier), New York Philharmonic, Leonard Bernstein**

Sony CD 47 628

**Gustav Mahler**

# 2. Symphonie

*Wir stellen uns Folgendes vor: Weltkongress der Orchester im Jahr 1964 in Le Havre. Letzter Tagesordnungspunkt: „Verschiedenes". Aus Wien kommt der Antrag „Erstellung einer Rangliste der meistgehassten Dirigenten". Er wird mit Begeisterung angenommen. Nach der Auszählung der Stimmen spricht das Komitee Hermann Scherchen (1891–1966) den dritten Platz zu.*

*Zurück in die Realität: Bei Universal Classics ist vor einiger Zeit eine verdienstvolle Scherchen-Edition herausgekommen, die uns vergessene Schallplatten-Dokumente dieses großen Dirigenten zurückgibt, der so oft Genauigkeit in reine Energie transformierte. In den Proben muss er mitleidlos gewesen sein. Recht so! Übrigens setzte Scherchen regelmäßig Musik der Gegenwart an, so dass ihm der Nimbus des „Uraufführungsdirigenten" zuwuchs.*

# 105

*Mir gefällt vor allem Scherchens ekstatischer Zugriff auf Mahlers 2. Symphonie c-moll, in deren oft müde glimmende Auferstehungs-Attitüde er Öl gießt. Exzellente Solisten. Bestechend auf Scherchens Ideen eingepolt: das Wiener Staatsopernorchester. Und wenn am Ende der Chor einsetzt, ist das endlich ein flutendes, weltumspannendes Legato. Scherchen predigte stets, dass Dirigenten jede (Orchester-)Partitur singen können sollten. Nun hört man, wozu das gut ist.*

**Gustav Mahler, 2. Symphonie c-moll („Auferstehung");
Mimi Coertse, Lucretia West, Wiener Akademischer Kammerchor,
Orchester der Wiener Staatsoper, Hermann Scherchen**
MCA / Universal MCD 80353

**Ludwig van Beethoven**

# Klaviersonaten

*Es gibt ein Foto von Friedrich Gulda, wie er versunken auf einem Wanderweg steht, Hände in den Taschen, Füße in ausgelatschten Schuhen. Der Mann, soviel steht fest, brütet etwas aus. Vielleicht denkt er auch nur: „Wie lange soll ich für den Fotografen denn noch auf diesem dummen Fleck stehen bleiben?"*

*Nun klingt sein Spiel aber nie, als habe Gulda etwas ausgebrütet oder sei er irgendwo stehen geblieben. Sein Beethoven ist fjordisch klar, unverstellt natürlich; er klingt, als wisse einer genau, wie's geht, und müsse sich deshalb keine tiefen Gedanken machen. Man sollte das nicht für Oberflächlichkeit halten: Gulda besaß geniales Gespür für Musik und dramatische Zusammenhänge, für Struktur, Logik, plastische Zeichnung. Im Meer zahlloser Deutungen ist Guldas bedeutende Lesart wortwörtlich ent-deutend.*

*Gewiss kann man bei Beethovens weitem Klavierfeld Solomon, Gilels, Serkin, Brendel, Pollini, Schnabel in die Debatte werfen. Mir scheint Gulda Beethovens Prinzip eines dialektischen Aufbruchs in neue Welten unübertroffen nahe zu sein – unsentimental, doch tief bewegend. Die Decca hält eine vorzügliche, acht mehr oder weniger populäre Sonaten umfassende Auswahl auf zwei CD's bereit, die man besitzen und allezeit hören sollte.*

**Ludwig van Beethoven, Klaviersonaten – op. 27,2 cis-moll („Mondschein"),**
**op. 28 D-Dur („Pastorale"), op. 31,3 d-moll („Sturm"),**
**op. 53 C-Dur („Waldstein"), op. 54 F-Dur, op. 57 f-moll („Appassionata"),**
**op. 78 Fis-Dur, op. 111 c-moll; Friedrich Gulda, Klavier**

Decca / Universal 2 CD 443 012     23

**Dupré, Liszt und andere**

# Französische Organistinnen

*Jeden Frankreich-Reisenden spült die Loire einmal nach Orléans, mich auch.*
*Ich wollte die Cavaillé-Coll-Orgel in der Kathedrale hören und sehen – und als*
*echter Fachsimpel bin ich hochgeklettert und habe mich artig vorgestellt.*
*Sagt doch der Domorganist zu mir, dem Unbekannten: „Mon Ami, ich gehe*
*jetzt frühstücken. Die nächste Messe ist um 11 Uhr. Willst du sie spielen?"*
*Ehrlich, so war's. Oh, wie konnt' ich triumphieren!*

*Wenn eine Organissima wie Marie-Claire Alain an diesem Instrument die*
*Register zieht, wird man noch im Nachhinein klein und stumm vor Staunen.*
*Sie holt erstens aus Liszts Präludium und Fuge über B-A-C-H und zweitens aus*
*der Königin von Orléans alles heraus, was drin steckt. Neben ihr spielen auf der*
*feinen CD „Berühmte Organistinnen" weitere tolle Töchter Frankreichs. Etwa*
*Jeanne Demessieux: Ihre faszinierende Vertonung des „Te Deum" packt einen*
*am Zopf und lässt ihn siebeneinhalb Minuten nicht mehr los –*

# 107

*Gotteslob als Thriller. Überrascht ist man von Claude Goudimels andächtigem Psalm 96. Sehr schön klingt Duruflés Präludium und Fuge über den Namen Alain an der Pariser Orgel von St. Etienne-du-Mont, unübertrefflich authentisch musiziert von Duruflés Ehefrau Marie-Madeleine. Übrigens vergisst man, dass hier lauter Frauen spielen. Ist das eigentlich erwähnenswert? Nicht fragen, kaufen.*

**Französische Organistinnen:**
**Marie-Claire Alain, Jeanne Demessieux, Odile Bayeux, Rolande Falcinelli,**
**Marie-Madeleine Duruflé, Marie-Louise Girod-Parrot – Werke von Demessieux,**
**Dupré, Alain, Duruflé, Langlais, Liszt, Goudimel und anderen.**

**Giacomo Puccini**

# Oper „Turandot"

*Ab und zu ist der Musikfreund weder allwissend noch entschlussfreudig.
Hat die Qual der Wahl und kann sich nicht für eine Aufnahme entscheiden.
Dann fragt er kluge Kollegen. Hört nochmals. Pflichtet bei. Oder verwirft.*

*Heute muss es salomonisch zugehen. Es gibt keine optimale Aufnahme von
Puccinis „Turandot". Fast möchte man das für die Gerechtigkeit des Werks
halten: Die Oper bricht im 3. Akt ab. So ist denn die Idee nicht reizlos, das
Fragment fragmentarisch zu hören.*
*In der Tat spricht vieles für die frühe Aufnahme (1973) unter Zubin Mehta,
der beweist, dass in „Turandot" schon Debussy und Strawinsky wetterleuchten.
In seinem Element ist Pavarotti, die Chöre haben tolle Wucht, Sutherland und
Caballé sind hinnehmbar.*

*Wem es vorrangig um die existentielle Gewalt der großen (Rätsel-)Szenen,
auch um den gesangsheldischen Zweikampf geht, der ist mit dem Team Nilsson-
Corelli (1965) sehr gut bedient. „La Nilsson" ist eine Bastion, wenn ihr auch
das psychologische Element ein wenig abgeht. Und Molinari-Pradelli schlägt sich
besser, als einige ihm nachsagen.*

*Nochmal Nilsson, nochmal Rom, nun fünf Jahre früher, mit Jussi Björling an der Seite. Es fehlt ein wenig an Stahlstrahl, doch nie an Glanz, erst recht nicht an Kultur. Leinsdorf begleitet nuanciert. Auch Renata Tebaldis Liù hält höheren Vergleichen stand.*

*Wenn ich nicht alle drei Aufnahmen bereits besäße: Ich würde mit Mehta anfangen, dann die beiden anderen nachziehen. Ein bisschen Luxus darf sein.*

**Giacomo Puccini, „Turandot"; Sutherland, Pavarotti, Scotto, John Alldis Choir, London Philharmonic Orchestra, Zubin Mehta**
Decca / Universal 2 CD 414 274
**Giacomo Puccini, „Turandot"; Nilsson, Corelli, Scotto, Chor und Orchester der Oper Rom, Francesco Molinari-Pradelli**
EMI 2 CD 7 69327 2
**Giacomo Puccini, „Turandot"; Nilsson, Björling, Tebaldi, Chor und Orchester der Oper Rom, Erich Leinsdorf**
RCA / BMG 2 CD 09026 62687 2

**Milan Turković**

# Das Fagott konzertant

*109*

*In Prokofieffs „Peter und der Wolf" nimmt das Fagott die Rolle des Großpapas ein, was zu der irrigen Vermutung verleiten könnte, es handle sich um ein knarziges und ansonsten gebrechliches, ja unbewegliches Instrument. Das Gegenteil trifft zu (vgl. „Sacre"-Beginn oder „Figaro"-Ouvertüre). Doch ist das Fagott natürlich kein orchestraler Superstar, so wird's wohl bleiben.*

*Für 60 köstliche Minuten wird heute das tiefste Holzblasinstrument in lichte Höhen erhoben. Ein herrliches Sammelsurium aus Originalen und Bearbeitungen hat Milan Turković, einer der international bekannten Virtuosen seines Fachs, zusammengetragen – und seine exotische Blüten-Lese veredelt launige Momente. Mozarts unterschätztes Konzert darf gewiss nicht fehlen, doch sind die Renner das pfiffige Divertissement von Françaix und vor allem die geradezu erlesene Einverleibung der Suite aus Gershwins „Porgy and Bess". Turković bläst wie immer mit unverschämt sensiblem Ton und entwaffnender Leichtigkeit. Fagott sei Dank.*

 **Fagotto concertante: Mozart, Haydn, Villa-Lobos, Françaix, Gershwin;
Milan Turković, Stuttgarter Kammerorchester, Martin Sieghart**
Orfeo CD 223911

# 110

**Wolfgang Amadeus Mozart**

## *Serenade B-Dur*

*„Eine große blasende Musik von ganz besonderer Art, von der Composition des Hrn. Mozart gegeben" – so heißt es in einem Bericht über ein Wiener Konzert am 23. März 1784. Unzweifelhaft ist die Serenade B-Dur KV 361 gemeint, in der Mozart tief in die Wunderkiste griff und gar nicht zu zaubern aufhören konnte. Sieben Sätze für 13 Instrumente – je zwei Oboen, Klarinetten, Bassetthörner und Fagotte, vier Hörner und ein „Contra Baßo": Das war ein riesiger Apparat, wahrlich eine „große blasende Musik"; doch einer wie Mozart schaffte es ohne spürbaren Anflug von Schwerarbeit, das funkelnd Brillante und das beruhigt Harmonische in Balance zu bringen. Ein unbekannter Zeitgenosse betitelte das Werk als „Gran Partita", was fraglos Hochachtung vor ihrer Dimension und ihrem Rang ausdrückt.*

*Ein vorbildliches Ensemble um die Klarinettistin Sabine Meyer hat die B-Dur-Serenade mit apartester Farbigkeit eingespielt. Es herrscht die reine Wonne, selbst wenn bisweilen Dunkelheiten über der Musik liegen – diese typisch mozartischen Sonnenschleier, für die es keine Worte gibt.*

**Wolfgang Amadeus Mozart, Serenade B-Dur KV 361 („Gran Partita");**
**Bläserensemble Sabine Meyer**
EMI CD 7 54457 2

**Hanns Eisler**

# „Hollywooder Liederbuch"

*Da war er nun wie viele Kollegen im ersehnten Exilanten-Paradies am Pazifik angekommen, und schon bald musste er einsehen, dass unter dem Himmel von Kalifornien die Hölle von L.A. lag. Hollywood war ein gefräßiger, jede geistige Sehnsucht erstickender Moloch; die Traumfabrik machte den aus Nazi-Deutschland geflohenen Künstlern das Leben schwer. Und so saß Hanns Eisler (1898–1962) in einem Hotel, träumte von der gespenstischen Leere zwischen alter und neuer Heimat und schrieb einen der schönsten, ergreifendsten Vokalzyklen der Musikgeschichte: das „Hollywooder Liederbuch", in dem Eisler von der Musik für die sozialistische Arbeiterbewegung zurückkehrte zur kleinen Welt des Kunstlieds.*

*Freund Brecht war natürlich Eislers erster Lieferant, dazu kamen, recht verwunderlich, Vertonungen von Goethe, Mörike, Eichendorff und sogar Hölderlin. Ungewöhnlich sind die Zärtlichkeit und Wärme der Lieder, auch wenn zuweilen*

*111*

*Eislers Sarkasmus zupackt. Die Miniatur „An den kleinen Radioapparat" etwa schließt man in ein paar Sekunden ins Herz, so süß und unsentimental klingt sie. Böse, traurige Themen, von einem Komponisten mit kraftvoller Poesie gefüllt. Matthias Goerne gibt die ganze Seele seines Wunderbaritons in die Musik; Eric Schneider ist ein prächtiger, nie bloß kadettenhafter Begleiter. Dies ist eine Produktion der wichtigen Decca-Reihe „Entartete Musik": glänzendes Beiheft – selbstredend mit allen Texten.*

**Hanns Eisler, „Hollywooder Liederbuch";**
**Matthias Goerne (Bariton), Eric Schneider (Klavier)**
Decca / Universal CD 460 582

**Georg Philipp Telemann**

# Oper „Orpheus"

*„Elenden Mischmasch" bescheinigte Johann Mattheson, unser führender Hamburger Kollege im 18. Jahrhundert, der „Orpheus"-Oper des städtischen Musikdirektors Georg Philipp Telemann (1681–1767). Mattheson, der Päpstliche, sah keinen Anlass, an seinen Ohren zu zweifeln. Dabei war er 1736, als er sein Attest zum „Orpheus" schrieb, fast taub.*

*Was erboste Mattheson? Das wilde Sprachensortiment – weil „Rache" (im Rezitativ) in der folgenden Bravour-Arie als „vendetta" umherschleuderte? Oder ärgerte Mattheson die Verlagerung der Handlung auf ein mythologisch unsicheres Nebenfeld (die Orpheus-Saga wird hier weniger vom Schicksal gesteuert als von der neurotisch verliebten thrakischen Königin Orasia)? Mag alles sein. Dabei treibt's die Musik noch ärger: ein deutscher Komponist, der französische und italienische Essenzen in die Arien und Ensembles träufelt, wo führt das nur hin? Es führte nach – Europa. Über jeden Sammeltrieb war Telemann damals hinaus, ihm*

# 112

*schwebte die große, ganzheitliche Lösung vor, die Vermählung nationaler Schulen und Formen. Jetzt versetzt uns die erste CD-Aufnahme auch auf die Ebene sinnlicher Erkenntnis: Was für eine kühne, vollreife, raffiniert opernwirksame Musik!*
*René Jacobs, seinen Solisten Dorothea Röschmann (Orasia), Roman Trekel (Orpheus) und Ruth Ziesak (Eurydike), dem Rias-Kammerchor sowie der Akademie für Alte Musik Berlin sei Dank, dass die Erlesenheit der Musik aus allen Winkeln lugt. Und ihre Psychologie auch: Sonne und Trauer grüßen einander von Pforte zu Pforte. Genial verletzt wird die Tragödie „Orpheus" durch den Einschub eines Intermezzos, in dem Randfiguren zu traurigem Frohsinn aufbrechen.*
*Dass Telemann an seinen Visionen nicht mit heißer Nadel gestrickt hat, merkt man übrigens in den Momenten musikalischer Hochkomik:*
*Wenn Orpheus in die Unterwelt hinabsteigt, Eurydike zu holen, klopfen herrische Pizzicato-Schläge der Streicher an Plutos Tür. Der Gott kommt heraus – und denkt gleich an Jupiters „Donnerkeil".*

**Georg Philipp Telemann, Oper „Orpheus"; Dorothea Röschmann, Ruth Ziesak, Roman Trekel, Rias-Kammerchor, Akademie für Alte Musik, René Jacobs**
harmonia mundi 2 CD 901618.19

**Olivier Messiaen**

# „20 Blicke auf das Jesuskind"

*Eines Tages saß der junge Pianist in jener Pariser Kirche, die nach der heiligen
Dreifaltigkeit benannt ist. Dort hockte ein alter Mann an der Orgel und folgte den
Eingebungen des Augenblicks. Plötzlich blieb die Zeit stehen. Musik, im
Moment der Improvisation lebendig wie nie, fiel wie in einen Schlaf, sie erstarrte.
Als der junge Pianist Pierre-Laurent Aimard dem großen Olivier Messiaen
(1908–1992) später von diesem Erlebnis erzählte, lächelte der alte Mann weise.*

*Im Jahr 1944, als die Welt für süße Anwandlungen wenig Neigung besaß,
komponierte Messiaen „20 Blicke auf das Jesuskind" für Klavier. Die Kitsch-
polizei musste nicht einschreiten. Der gewaltige Zyklus ist kein Krippenmehrteiler
mit Stallgeruch, sondern Collage über die Mysterien. Heiliger Geist, Schweigen,
Kreuz, Engel, Jungfrau, Vögel, Zeit, Menschensohn, Kirche der Liebe – alles
verwächst zu einem Katechismus, der von Zeichen und Wundern visionär erzählt.
Abstraktes wandelt sich zu flammenden Etüden, hinter denen das Jesuskind
zuweilen unmerklich verschwindet. Am Anfang steht jedenfalls der Vater, das
„Thema Gottes", welches Messiaen in gütigem Fis-Dur wie einen Begrüßungs-
teppich ausrollt für seinen Weg, das fünfte Evangelium zu komponieren.*

*Aus dem staunenden Zögling Aimard von damals ist ein Eingeweihter geworden. Für Messiaens Blicke hat er sich jene Einblicke verschafft, die ihn vor der Sinnlichkeitsfalle bewahren. Aimard wagt Härte und eiserne Rhythmik, pumpt kaum Pedal in die Noten, flötet Vogelrufe so lebensnah, als sei der Flügel eine Voliere. Aber wenn er Oktaven in die Klaviatur nagelt, denkt man, sie sei das Kreuz von Golgatha.*

**Olivier Messiaen, „Vingt Regards sur l'Enfant-Jésus" (20 Blicke auf das Jesuskind); Pierre-Laurent Aimard (Klavier)**
Teldec / Warner 2 CD 3984 26868 2

**Antonio Lotti**

# Requiem F-Dur

*Im Zeitalter des blitzenden Informationsaustauschs lohnt die Erinnerung an barocke Tage. Da saßen Komponisten stundenlang über Partituren anderer Meister und schrieben sie ab. Auch J.S. Bach war oft sein eigenes Kopiergerät, ohne von räuberischen Motiven gepackt zu sein. Oft dokumentierte eine Abschrift Respekt oder Lernwillen; Gutes sollte auch anderswo zu hören sein. Bachs Verehrung galt auch einem Meister aus Venedig: Antonio Lotti (1667–1740). Der war 1717 für zwei Jahre an den Dresdner Hof gereist, wo geistige Luftveränderung in Tatendrang explodierte.*

*Thomas Hengelbrock hat sich an Dresdens Lotti-Quellen berauscht und, wieder nüchtern im Geist, eine CD-Auswahl für seinen exquisiten Balthasar-Neumann-Chor getroffen. Das meisterhafte Miserere d-moll, das den Ruhm Lottis europaweit festigte, darf gewiss nicht fehlen. Doch zum Glücksfall wird die Aufnahme durch das unbekannte Requiem F-Dur.*

# 114

*Der Hörer kommt sich vor, als führe ihn ein Engel in seltsam erregte Welten zwischen Himmel und Hölle. Dort ereignen sich große Oper, inniges Gebet, Hymnus, Heiterkeit, Gerichtszorn.*

*Kaum hat der Männerchor das „Rex tremendae majestatis" über trockenen Akkorden der Streicher beinahe frivol ausgekostet, stürzt ein scheuer Sopran im „Recordare" in die Einsamkeit. Im „Preces meae" mit seinen wehmütig schaukelnden Oboen hält Lotti für Sekunden die verrinnende Zeit an. Köstliche Klangwirkungen, etwa von gestopften Trompeten. Zauberhafte Musik.*

**Antonio Lotti, Requiem F-Dur, Miserere d-moll u. a.;**
**Balthasar-Neumann-Chor, Thomas Hengelbrock**
deutsche harmonia mundi / BMG CD 05472 77507 2

**Anton Bruckner**

# 5. Symphonie

*1974 fragte ihn der WDR, ob er nicht Lust habe, Bruckners 5. Symphonie B-Dur aufzunehmen. Lust? Er war 61 Jahre alt, hatte Riesenerfahrung – und jetzt nur noch Angst. Für Monate zog er sich in die Einsamkeit zurück und lernte die Partitur im nahen Wald. Dann knurrte er dem WDR sein Ja ins Telefon – und gab damit die Initialzündung für sein zweites Leben nach den Jahrzehnten als Chef des Kölner Gürzenich-Orchesters. Seitdem galt Günter Wand als der Bruckner-Interpret.*

*Auch seine (Live-)Aufnahme der Fünften mit den Berliner Philharmonikern führt den Beweis allerhöchster Berufenheit. Abermals öffnet sich Bruckners Architektur auf freiem Feld, nicht im mystischen Turmzimmer. Bei Wand weiß man jederzeit, warum dieser Ton oder Akkord in genau diesem Moment kommt. Einfachheit, Genauigkeit, Logik ohne Gefummel und falsche Windschnittigkeit – dies sind die ideellen Kronzeugen eines Interpreten, der sich selber lieber einen Diener nennt.*

*115*

*Vor solcher Ehrfurcht haben auch die Berliner Philharmoniker Respekt. Deren majestätischen Sound koordiniert Wand grandios; er erfüllt die Musik, indem er sie nicht zur Weltanschauung erhebt. Er lässt sie streng bei sich selbst sein. Das ergibt 77:14 Minuten reine Wucht, lauteres Glück.*

**Anton Bruckner, 5. Symphonie B-Dur; Berliner Philharmoniker, Günter Wand**
RCA / BMG CD 09026 68503 2

**Christian Lindberg**

# Die virtuose Posaune

*Mit rattenfängerischer Heimtücke habe ich diese CD ziemlich laut im Büro gehört, bei offener Tür – und plötzlich lugten viele Kollegenköpflein mit großen Kinderaugen ins Zimmer: „Ja, ist das nicht der Hummelflug?" – „Komisch, hat denn Fritz Kreisler auch für Posaune komponiert?" – „Mein Gott, was kann der schnell spielen!"*

*Jeder kann sich selber auf fraglos vielerlei Weise ein diebisches Vergnügen spendieren. Man kann aber auch direkt ins Geschäft gehen und die CD „Die virtuose Posaune" kaufen. Auf ihr zeigt der schwedische Posaunissimus Christian Lindberg in einer fast beängstigend originellen Mixtur aus Schalk- und Ernsthaftigkeit, dass sein Instrument nicht nur für dunkles Dräuen, sondern auch für quecksilbrige Artistik zuständig sein kann. Lange nicht mehr so gestaunt.*

# 116

*Ob Rimskij-Korsakows „Hummelflug", Montis „Csárdás" oder Kreislers „Liebesleid": Lindberg gibt diesen abgefrästen Stücken mit wunderbarer Musikalität neue Politur – als sei das alles für die Posaune komponiert. Daneben gibt es im Verbund mit dem Pianisten Roland Pöntinen höchst Seriöses: etwa die raffinierte Ballade von Frank Martin, die glänzende Hindemith-Sonate und natürlich die pfiffige „Sequenza V" von Berio.*

**The Virtuoso Trombone: Musik von Rimskij-Korsakow, Monti, Kreisler, Hindemith, Berio und anderen; Christian Lindberg (Posaune), Roland Pöntinen (Klavier)**

BIS / Klassik Center Kassel CD 258

**Antonio Vivaldi**

# „Gloria" und „Magnificat"

*Was kommt wohl dabei heraus, wenn eine französische und eine italienische Mannschaft auf einem übersichtlichen Spielfeld scharfe Tempi riskieren, Traumpässe schicken und ihr artistisches Potenzial zeigen? Antwort: Allerschönster Vivaldi kommt heraus.*

*In einem voreuropameisterlichen Rencontre bzw. Incontro trafen sich vor einiger Zeit die Choristen des Ensemble vocal régional de Champagne-Ardenne und die Musici des Concerto Italiano und nahmen „Gloria" und „Magnificat" für die CD auf. Dies sind Wunderwerke, in denen Vivaldi theatralische Grandezza und geistliche Besinnung aufs Ehrwürdige elegant versöhnt. Wie immer ist der Venezianer frei von jedem Schematismus, er kann es sich leisten, Oper und Kirche mit Größe und Agilität zugleich auf einem einzigen Grundstück zu parken.*

# 117

*Dirigent Alessandrini nennt dies die „Vereinigung des Fleischlichen mit dem Reinen". Nun, bei Vivaldi geht es quicklebendig zu im Himmel und auf Erden. Ein toller Chor, ein gymnastisches Orchester mit alten Instrumenten, die drei zauberischen Solistinnen Deborah York, Patrizia Biccire und Sara Mingardo: Das Büßerkleid wird abgelegt, ein pfingstlich buntes Trikot übergestreift – und schon steht, 60 Minuten lang, das goldene Tor zum Musikglück offen. Jeder Takt ein Treffer. Herrliche romanische Harmonie. Keine Verlängerung.*

**Antonio Vivaldi, „Gloria", „Magnificat", Concerti RV 243 und 563;**
**Akademia Ensemble vocal régional de Champagne-Ardenne, Concerto Italiano,**
**Rinaldo Alessandrini**

Opus 111 / harmonia mundi CD 1951

**John Cage**

# „Die Jahreszeiten"

*118*

*Wer möchte für seinen musikalischen Mut belohnt werden?*
*Hier eine hilfreiche Handlungsanweisung, kurz und knapp:*

*Gehen Sie in Ihr CD-Geschäft und erwerben Sie die sinnensüße, entzückende,*
*kreuzfidele, bitterkomische, zu jeder Tageszeit hörenswerte CD „The Seasons"*
*(Die Jahreszeiten) mit wundervoll eingängigen Werken von John Cage*
*(1912–1992). Viele Musikfreunde werden nach dem vermeintlichen Risiko den*
*angeblich spinnerten Cage verdientermaßen einen Wohltäter der Musikwelt*
*nennen, der dem Ohr schmeichelt. Was übrigens seine „Jahreszeiten" betrifft:*
*Ich ziehe sie fast jeder Vivaldi-Pizza vor.*

 John Cage, „Seventy-Four" für Orchester, Ballett „The Seasons",
Konzert für präpariertes Klavier und Kammerorchester, Suite für Spielzeugklavier
(Original und Orchesterfassung); American Composers Orchestra,
Margaret Leng Tan (Klavier), Dennis Russell Davies

ECM / Universal CD 465 140

# 119

## *Symphonien*

*Albert Roussel (1869–1937) war von Jugend auf meeressüchtig; er wurde Offizier der Marine und fuhr um die Welt, bevor er zu komponieren begann. Seltsam: Ihm war das Meer so nah gewesen, dass er es nie tönend malen wollte; ja, er zwang sich, „die Erinnerung an Gegenstände und Formen zu vergessen, die sich in musikalische Effekte umsetzen lassen". An Debussy und Ravel, den beiden idealischen Anbetern des Meeres, nahm er Anstoß; alles Impressionistische lehnte er ab.*

*In seinen vier Symphonien schrieb er einen herben, formbewussten, eigenwilligen Neoklassizismus, der nie klappert, sondern saugt. Roussel hatte die Gabe, endlose Melodien zu schreiben, die glühen. Typisch für Roussel ist das exotische Kolorit, das er der Musik wie zartes Rouge aufträgt. In der blendenden Interpretation des Orchesters von Radio France unter Marek Janowski wird der wohl bedeutendste französische Symphoniker des frühen 20. Jahrhunderts nachdrücklich geadelt. Der langsame Satz der frühen 1. Symphonie heißt „Sommerabend" und ist an sonnenschwerer Trunkenheit kaum zu überbieten – herrlich zum Räkeln, dudenneudeutsch: Rekeln.*

**Albert Roussel, Symphonien Nr. 1 bis 4;**
**Orchestre Philharmonique de Radio France, Marek Janowski**
RCA Victor / BMG 2 CD 09026 62511 2

**Johannes Brahms**

# Chorwerke

*120*

*Stets wenn ich Brahms' „Vineta" höre, diesen erwärmenden Chorsatz aus Opus 42, frage ich mich, warum er in H-Dur steht. Gewiss ist diese Tonart mit ihren fünf Kreuzchen bei Brahms kein seltener Fall, doch strahlt sie eine eigenwillige Faszination aus – etwas Fremdes, Fernes, Märchenhaftes. Nun, hier geht es um die verwunschene Stadt Vineta, die im Meer versank und bei Brahms „goldne Himmelsfunken" ins Gedächtnis strahlt. Das muss man vom Monteverdi Choir unter John Eliot Gardiner hören. Ihre „Vineta" hat fürwahr den Schwung von „Abendglocken", und die Engel hört man auch rufen. Eine ganze Brahms-CD mit dem britischen Spitzenchor – es ist ein Feuerwerk der Himmelsfunken, doch werden die dunklen Tönungen, abgründigen Schattierungen und lieblichen Exkurse nicht ausgeblendet. Das Portal in dieses vokale Paradies sind die „Liebeslieder-Walzer", die saftig, doch mit Feinschliff schunkeln. Keine Sorge: Die Deklamation der Briten ist vorbildlich, der Raumklang optimal.*

 **Johannes Brahms, Liebeslieder-Walzer op. 52, Gesänge op. 17, 42 und 107, Quartette op. 92; Soli, Monteverdi Choir, John Eliot Gardiner**
Philips / Universal CD 432 152

# 121

## Oper „Don Giovanni"

*Das geht heute schnell und schmerzlos und herzhaft. Natürlich haben wir
herrliche Aufnahmen des „Don Giovanni" im Katalog, und natürlich wollen wir
Bruno Walter und Fritz Busch und Josef Krips und Dimitri Mitropulos
nicht missen. Aber die rundeste, alle Ansprüche überreich erfüllende Einspielung
ist immer noch die von Carlo Maria Giulini. Dieser „Don Giovanni" (1959)
birst vor Innenspannung und hat doch eine mitunter fast erotische Lässigkeit.
Das Sängerensemble um Eberhard Wächter, der seinen Titelhelden mit
Grandezza und Zärtlichkeit ausstattet, ist ideal.*

**Wolfgang Amadeus Mozart, „Don Giovanni"; Wächter, Sutherland, Alva,
Frick, Schwarzkopf, Taddei, Cappuccilli, Sciutti, Philharmonia Orchestra und Chorus,
Carlo Maria Giulini**
EMI 3 CD 5 56232 2

**Francis Poulenc**

# Orchesterwerke

In einem spannenden Fall von Inspektor Columbo spielt das Dia einer
Cola-Flasche die Hauptrolle. Der Mörder hatte es einem Film implantiert und
die Reaktion des menschlichen Unterbewusstseins abgewartet. In der Tat verließ
das Opfer durstig den Kinosaal und eilte zum Cola-Automaten.
Wo der Revolver wartete.

Solch eiskaltes Raffinement wäre nach dem Geschmack von Francis Poulenc
(1899–1963) gewesen. Mehr noch: Der Franzose lässt sich ähnlicher Techniken
überführen. In einem Satz der Ballettsuite „Les Animaux modèles" montierte er
ein Fremdzitat, das seine Hör-Opfer manipuliert und zur Rasterfahndung nötigt:
Woher kenne ich das?

Poulenc, abgefeimter Meister des französischen Neoklassizismus, hatte nie Angst
davor, „anderer Leute Akkorde zu benutzen". Die CD des Orchestre National

# 122

de France unter Charles Dutoit mit Orchesterwerken Poulencs offeriert dem Detektiv im Musikfreund jedenfalls Spuren zu anderen Komponisten, die allerdings nur selten Rätsel sein wollen. Hier träufelt er ein süßes Strauß-Tröpfchen ein. Da lugt er zu Ravels „La Valse" hinüber. Dort kokettiert er mit Wiener Klassik. Solche Tuchfühlung ist Ausdruck zärtlicher Liebe mit den berühmten paar falschen Noten drin.

Dutoit macht sich und uns einen Riesenspaß. Ob es die Suite „Les Biches" oder das Konzert „Aubade" ist: Die Musik blitzt, schmerzt, lacht und dröhnt. Gewiss fläzt sie sich auch lasziv auf dem Sofa, dass der Plüsch staubt. Doch Dutoit und Pascal Rogé (Klavier) halten die Windmaschinen virtuos in Betrieb. Und jenes winzige Fremdzitat (in „Les Deux Coqs" nach 31 Sekunden)? Soviel sei verraten: Es ist ein Kinderlied, das auch zwei märchenhaft bekannte Opern-Geschwister singen. Columbo, übernehmen Sie!

**Francis Poulenc, Orchesterwerke; Pascal Rogé (Klavier), Orchestre National de France, Charles Dutoit**
Decca / Universal CD 452 937

**Johann Christian Bach**

# Sinfonien

*Wer damals von Bach sprach, meinte ihn – nicht den vergessenen Übervater,
nicht Carl Philipp Emanuel, nicht Wilhelm Friedemann und wen es sonst noch
gab an Bächen. Ausgerechnet der Jüngste der Dynastie – Johann Christian Bach
(1735–1782) – war in der zweiten Hälfte des 18. Jahrhunderts der Größte.
In Mailand hatte er den italienischen (Opern-)Stil schier wie ein Schwamm
aufgesogen. Später, am Londoner Hof, drückte er ihn aus, nicht nur als Klavier-
lehrer im höchsten Kinderzimmer Englands. Abwechselnd nannte man ihn den
„Mailänder" oder den „Londoner". Mozart waren solche Etiketten egal –
er verehrte Bach lebenslang.*

*Hört man einige von Johann Christian Bachs Sinfonien (in denen der aparte
Formgeist der neapolitanischen Ouvertüre weht), staunt man abermals*

*123*

*über die „singenden" frühklassischen Allegro-Sätze: furios das sich
ritterlich bäumende Crescendo zu Beginn der Es-Dur-Sinfonie, köstlich das
holzbläserische Seitenthema in der G-Dur-Sinfonie.*

*Und wo wird diese Musik ebenso köstlich gespielt? In Ungarn. Dort gibt es mit
dem Concerto Armonico ein Ensemble auf historischen Instrumenten, das zeigt,
dass für das internationale Spezialistentum die Schlagbäume längst gefällt sind.
Eine lupenreine Wonne!*

**Johann Christian Bach, sechs Sinfonien;**
**Concerto Armonico, Péter Szüts, Miklós Spányi**
Hungaroton / Klassik Center Kassel CD 31448

**Isaac Albéniz**

# „Iberia"-Zyklus

> *„Ich versprach dir einmal, spanisch zu kommen."*
> *(Goethe, „Egmont")*

*Habe ich das? Nun, am bedeutendsten, funkelndsten Klavierzyklus, den Spanien hervorgebracht hat, will ich von Herzen gern nicht vorbeikommen. Der Autodidakt Isaac Albéniz (1860–1909) schrieb seine „Iberia" von 1905 bis 1907 in Paris, wo er großen Meistern nacheiferte – und doch mit jedem Takt seine Wurzeln zu packen suchte. Sein Spanien vermisste er so sehr, dass ihn die Sehnsucht auffraß.*

*In „zwölf neuen Impressionen" beschwor er die ferne Heimat – in ihren Ritualen, lässigen Tänzen, blitzenden Festen, orientalischen Dämmerungen, ruhevollen Nachtstimmen.*

# 124

*Natürlich sind diese Stücke mehr als angewandte Nostalgie; sie erkunden das
Klavier als poetische Zukunftsmaschine. Bei Lichte besehen, sind die zwölf
„Iberia"-Ausflüge auch solche in die Moderne des schwebenden Klangs.
Ausgerechnet ein virtuoser Franzose hat vor einigen Jahren den Schlüssel zu
dieser Musik gesucht, als sei's eine Lebensaufgabe. Die Mühe war so groß, dass
am Ende der Recherche nichts weniger als das gleißende Original stand.
Im Gegensatz zu den neutralisierten Druckausgaben verließ sich der Pianist
Jean-François Heisser auf Albéniz' Handschriften, die in spanischen und ameri-
kanischen Archiven ruhen – und höre da, die Musik ist nun noch viel farbiger,
als sie in den Noten steht. Fantastico!*

**Isaac Albéniz, „Iberia"; Jean-François Heisser (Klavier)**
Erato / Warner 4509 94807 2

**Gabriel Fauré**

# „Requiem"

*In den Kranken-Akten vieler Komponisten nehmen Ohrenleiden gehörigen Raum ein. Andererseits litt ihr Schaffen darunter nur selten, so seltsam das anmutet. Vermutlich haben die Meister allmählich gelernt, nach innen zu lauschen, Klänge im Kopf zu entwerfen und sie dort tatsächlich zu hören. Das gelingt natürlich auch solchen, die Ohren wie Luchse haben. Sie sind indes nicht auf den akustischen Innenspiegel angewiesen.*

*Eine doppelte Innerlichkeit begegnet uns bei Gabriel Fauré (1845–1924). Der war doppelt so lange taub wie Beethoven und schrieb dann ein „Requiem", das gegen alle Tradition eher ein inwendiges Gebet als Jüngstes-Gericht-Oper ist. Ein ruhevoller, mild strömender, abgedunkelter Geist ist dieser Musik eigen. Ihn trifft der flämische Chormeister Philippe Herreweghe in seiner bescheidenen, doch höchst intensiven Aufnahme (in der Originalfassung übrigens) bravourös. Am Ende jedoch meint man es aus dem Paradies lächeln zu hören.*

*125*

*Ergänzt wird die CD von einem unbekannten, bezaubernden Kleinod:
der Messe für die Fischer von Villerville. Die schrieb Fauré zusammen mit
jenem André Messager, der ansonsten komische Opern komponierte und eine
ganz ernste uraufführte: Debussys „Pelléas et Mélisande".*

**Gabriel Fauré, „Requiem", „Messe des Pécheurs de Villerville" (mit Messager);
Agnès Mellon, Peter Kooy, La Chapelle Royale, Ensemble Musique Oblique,
Philippe Herreweghe**
harmonia mundi CD 901292

**Hilliard Ensemble**

# „*Officium*"

*Niemand hat es erwartet, keiner hat daran geglaubt – und doch schlug die unberechenbare Neugier des Publikums zu: In wenigen Tagen rückte die längst legendäre Crossover-CD „Officium" – mit ihrer Vermählung spätmittelalterlicher Weisen und saxofonischer Improvisationen – auf die ersten Plätze der Klassik-Hitlisten. Dort tummelten sich zwar auch die Rieus, Lottis, Frantze und andere Kulturschocker. Aber das britische Hilliard Ensemble und der norwegische Jazzer Jan Garbarek holten dermaßen wonnig und labend das Alte ins Neue, das Neue ins Alte, dass nun einzig die Nennung eines Titels reicht, und alle wissen, worum's geht: um „Officium".*

*Man könnte die CD gewiss als perfekten Dienst an jener uralten Menschheits-sehnsucht bespötteln, welche nach Entrückung aus dem Diesseits verlangt: zarte, glasige Klänge, seraphisch in den Hall einer Kirche gebettet und von einem gefühlvollen Meditateur nachbearbeitet, ja schier übermalt; lammfromme Besänftigung jedweder musikalischen und menschlichen Aufregung. Doch ist „Officium" auch Liebesdienst im lateinischen Vielsinn: strenges Amt, Ehrenbezeugung vor dem Erhabenen, feierlicher Ritus, Pflicht zur Tilgung eines rigorosen ästhetischen Kanons.*

*Die kurz danach eingetroffene Folge-CD „Mnemosyne" erreicht übrigens längst nicht die elementare, berauschende Wirkung des Originals. Dieses aber sollte man besitzen – allein um zu wissen, welch einmaliges Pferd es ist, auf das längst Kohorten zweitklassiger Reiter aufgesprungen sind.*

**„Officium" (Sätze von Morales, de la Rue, Perotin, Dufay und anderen); Hilliard Ensemble, Jan Garbarek (Saxofone)**
ECM / Universal CD 445 369

**Franz Schubert**

# *Streichquartette*

*Als ich vor Freunden erzählte, dass mein nächster Tipp-Listenplatz für Schuberts Streichquartett „Der Tod und das Mädchen" reserviert sei, scholl es mir kennerisch entgegen: „Das nimmst du wahrscheinlich mit dem Alban-Berg-Quartett?"*

*„Nein."*

*„Melos?"*

*„Nein."*

*„Hagen?"*

*„Nein."*

*„Emerson?"*

*„Nein."*

*„Was denn dann?"*

*„Busch."*

*„Oh, kenne ich noch nicht."*

*„Ja, ich aber."*

# 127

*Jeder Musikfreund hat daheim Aufnahmen, an die er gewöhnt ist wie an Pantoffeln oder den Morgenmantel. Der Unterschied liegt darin, dass Pantoffeln irgendwann auseinanderfallen. Bei der Aufnahme von Schuberts „Der Tod und das Mädchen" mit dem Busch-Quartett geht das nicht. Sie ist zwar von 1936, aber trotzdem unsterblich – und längst exzellent auf CD überspielt. Auf ihr hören wir auch das 15. Quartett, Schuberts letztes.*

*Beim Busch-Quartett werden die Gipfel des Ausdrucks nicht hysterisch erklommen; und es gibt viele expressionistische Gipfel bei Schuberts Spätlingen. Mehr noch gibt es aber Abgründe. Nun, es sind die langsam wachsende Gewalt und die Kühnheit im Detail, welche die Aufnahme unvergleichlich machen. Jascha Heifetz hielt den Primarius Adolf Busch übrigens für den größten Geiger der Welt.*

**Franz Schubert, Streichquartette Nr. 14 d-moll („Der Tod und das Mädchen")
und Nr. 15 G-Dur; Busch-Quartett**
EMI CD 7 69795 2

**Frederick Delius**

# Oper „Fennimore und Gerda"

*Diese kleine, wunderhübsche, lyrische und erstaunlich tiefsinnige Oper kennt kaum einer. Auch ihr Schöpfer muss fortwährend wiederentdeckt werden. Ja, Komponisten von der Insel haben es hierzulande schwer (trotz ihres unermüdlichen Herolds Jolyon Brettingham-Smith auf WDR 3). Dabei wurde „Fennimore und Gerda" von Frederick Delius (1862–1934) in Frankfurt uraufgeführt; das Libretto ist sogar auf Deutsch geschrieben. Delius, in Bradford geboren, hatte deutsche Eltern. Er studierte in Leipzig, ging dann nach Paris, wurde von Nietzsche infiziert und schaute oft sehnsüchtig nach Skandinavien.*

*Den Stoff für seine Oper entnahm er einem Roman des Dänen Jens Peter Jacobsen. Thema: die menschliche Liebesfähigkeit, welche sich im Kreislauf der Jahreszeiten und Leidenschaften wandelt, zerstört, erneuert. Der Schluss ist entgegen der pessimistischen Vorlage Jacobsens positiv und mild. Ein Happy End.*

*128*

*Delius wird dem musikalischen Fin de siècle zugerechnet und gilt nicht als Klangberserker, sondern als diskreter Maler innerer Bilder. Er liebte Munch, vermied aber jeden Schrei. Trotzdem ist diese Oper, die übrigens auf eine CD passt, alles andere als dünnhäutig oder entsagungsvoll. Das anrührende Liebesduett von Fennimore und Niels etwa: Für dessen psychologisierte Ekstase gebe ich leichten Herzens berühmtere Parallelstellen hin. Auch solche von Wagner. Die dänische Aufnahme mit glänzenden Solisten und einem disziplinierten, schwärmerischen Orchester unter Richard Hickox erfüllt jeden Wunsch. Vor allem versteht man jedes Wort. Das liegt gewiss an Delius' Dezenz, doch auch an der klugen Technik in Kopenhagen.*

*Wenn „Fennimore und Gerda" schon kein Intendant auf den Spielplan setzt: Der CD-Freund ist doch immer sein eigener und bester Operndirektor.*

**Frederick Delius, Oper „Fennimore und Gerda" (deutsche Originalfassung); Randi Steene, Judith Howarth, Mark Tucker, Peter Coleman-Wright; Chor und Orchester des Dänischen Rundfunks, Richard Hickox**
Chandos / Koch CD 9589

**Johann Sebastian Bach**

# *Motetten*

*Im Bach-Jahr 2000 gab es bis Silvester keinen Tag ohne globalen Orgelklang, Passion, Kantate, Suite, Konzert, Partita, Toccata, Missa. Die sechs Motetten indes blieben von der weltweiten Generalaneignung in Sachen J.S.B. eigenartig verschont. Nicht viele Chöre wollten sie singen, womöglich hatten die Dirigenten Manschetten. Gibt es doch noch Demut vor den Gipfeln?*

*Was so ein richtiges Bach-Jahr war, lauschte man aus gegebenem Anlass halt doch immer wieder jenen Aufnahmen, denen man einst fixe Plätze auf der ewigen Gültigkeitsliste reservierte. Dazu zählt für mich Nikolaus Harnoncourts Stockholmer Aufnahme jener Motetten. Der Streit ist müßig: mit Knaben oder ohne, mit Instrumenten oder a-cappella. Harnoncourt entschied sich 1980 für einen gemischten Chor und dafür, dessen Stimmen von Instrumenten mitspielen zu lassen (wie Bach es zuweilen selber praktizierte).*

*129*

*Das Ergebnis ist jedenfalls glorios. Bachchor Stockholm und Concentus Musicus Wien haben sich von Harnoncourt auf einen herrlich natürlichen, federnden Musizierstil eichen lassen, bei dem kluge Wortdeutung nicht mit Effekthuberei einher geht. Die schwedischen Choristen machen ihrem Ruf als mühelose Stabhochspringer des Vokalfachs wieder alle Ehre, die Wiener Musici schwingen sich gleichfalls freudig empor. Ob „Lobet den Herrn alle Heiden", „Singet dem Herrn ein neues Lied" oder „Jesu, meine Freude" – Stockholm, Wien und der respektvolle Harnoncourt helfen jeder Schwachheit auf. Fürchtet euch nicht!*

**Johann Sebastian Bach, Motetten; Bachchor Stockholm, Concentus Musicus Wien, Nikolaus Harnoncourt**
Teldec / Warner CD 0630 17430 2

**Wilhelm Stenhammar**

# 2. Klavierkonzert

*In Tipp 129 waren wir Gäste in Stockholm, da wollen wir uns auf der Rückreise nicht übermäßig beeilen. Drum machen wir in Göteborg Station – und begegnen dem schönsten skandinavischen Klavierkonzert. Es wurde dort 1908 uraufgeführt, unter Leitung seines Komponisten: Wilhelm Stenhammar. Der war zunächst ein vortrefflicher Pianist und – wie Artur Rubinstein – Schüler Karl Heinrich Barths in Berlin gewesen; mit jenem teilte er auch die heiße Liebe zur Musik von Brahms. Später verlegte sich Stenhammar aufs Dirigieren und wurde Chef der Göteborger Symphoniker.*

*Sein prachtvolles d-moll-Klavierkonzert wurde in einer florentinischen Erholungsphase vollendet, was man ihm indes nicht anhört. Die Musik ragt tief in die Hochromantik, ohne dort auf einem Klumpfuß zu stehen. Pianisten benötigen hier Pranke, Geläufigkeit, melodischen Atem und Schmiss. All dies hat die Brasilianerin Cristina Ortiz umwerfend im Sortiment.*

*Klug halten sie und die Göteborger Symphoniker unter Neeme Järvi diese kalorienhaltige Klavierbombe unter Kontrolle; zugleich ist der Musiziergestus dynamisch und farbenprächtig; bei falscher Diät stürbe so ein Koloss ja leicht an Unterzuckerung. Der expansive Klang, der den BIS-Technikern gelungen ist, macht jedenfalls alle Zucht noch zur Sensation.*

*Dass sich Stenhammar auch in anderen Welten auskannte als in jener der 88 Tasten, beweist die opalisierende Schauspielmusik zu Tagores „Chitra". Deren faserzarte Durchsichtigkeit passt traumhaft zu einem Stück, das der dramatischen Sphäre fast philosophisch entrückt ist.*

**Wilhelm Stenhammar, 2. Klavierkonzert d-moll, Schauspielmusik zu Rabindranath Tagores „Chitra"; Cristina Ortiz (Klavier), Göteborger Symphoniker, Neeme Järvi**
BIS / Klassik Center Kassel CD 476

**Gioacchino Rossini**

# Arien

*Salzburger Festspiele 2000, „Così fan tutte": Alle Welt wartete mit stockendem Arena-Atem darauf, wie unerschütterlich Fiordiligi ihre „Felsen-Arie" bezwingen, wie lyrisch Ferrando sein „Un'aura amorosa" singen würde. Dorabella schien daneben fast wieder die lose kleine Schwester. Doch dann machte die bulgarische Mezzosopranistin Vesselina Kasarova den Mund auf – und prompt war es da, das Opernwunder. Man hätte stundenlang nur ihr zuhören mögen (was Mozart, der geniale Stratege der Gruppendynamik, bekanntlich nicht vorsah).*

*Kasarova ist ein neuer Stern am Vokalhimmel, der gewiss nicht sternschnuppig verglühen wird. Die Künstlerin gebietet nämlich erstens über Feuer und Timbre, Geläufigkeit und Wärme, zweitens über furiose Technik, wie sie in ihrem taufrischen Rossini-Album beweist. Ihre Koloraturen sind nie Ketten aus separaten Kleinodien wie beim Juwelier, sondern strömen auf weiter Linie.*

*Toll die sängerische Dimension von flutender Tiefe (ohne brustige Drücker)
zu funkelnder Höhe. Fabelhaft auch, wie sich Kasarova von Arie zu Arie auf
wechselnde Atmosphären, Psychen, Stimmungen einlässt.
In dem jungen peruanischen Tenor Juan Diego Flórez hat sie einen
gleichermaßen wendigen wie noblen Partner, der seinerseits eine tolle Karriere in
Aussicht hat. Die beiden Münchner Rundfunkensembles assistieren mit
Glanz und Gloria.*

**Gioacchino Rossini, Arien und Duette aus „L'italiana in Algeri", „La Cenerentola",
„Armida", „Semiramide", „Otello", „La Donna Del Lago";
Vesselina Kasarova (Mezzosopran), Juan Diego Flórez (Tenor),
Münchner Rundfunkchor und -orchester, Arthur Fagen**

**Frederic Rzewski**

# *Klaviermusik*

*Sie hatten ihn spielen gehört, wie er Ballettstunden auf dem Flügel begleitete, er fraß mörderische Klavierauszüge ohne eine einzige fehlende Note, er pumpte ein ganzes Orchester in die Tastatur. In New York galt und gilt der Komponist und Pianist Frederic Rzewski (geboren 1938) als homo ludens acrobaticus.*

*Und dann benötigte die Pianistin Ursula Oppens im Oktober 1975 für einen Klavierabend im Lincoln Center ein zweites Großwerk neben Beethovens Diabelli-Variationen; sie wandte sich an Rzewski. Der erinnerte sich des chilenischen Volkslieds „El Pueblo Unido Jamás Será Vencido!" (Das vereinigte Volk wird immer siegreich sein!) und komponierte 36 Variationen über 36 Takte: ein grandioses Monsterwerk aus Kombinatorik und Tiefenpsychologie, Tastensturm und philosophischer Durchdringung. Wer einen für konventionelle Hörer ungenießbaren Schocker erwartet, der irrt: Rzewski schreibt, höchst direkt, eine flammende Mischung aus Liszt und Ligeti, aus Minimal Music, Bach und Rachmaninow. Trillerketten, Arpeggien, Akkordgewitter, dass einem schwarz vor Augen wird.*

# 132

*Man möchte das Etikett „unspielbar" drüberhängen. Aber wieder ist es der kanadische Pianist Marc-André Hamelin, der mit übermenschlicher Virtuosität und Expressivität für ein Werk kämpft und einen fulminanten Sieg einfährt. Ich halte Rzewskis Opus für einen Gipfel der Klavierliteratur.*

**Frederic Rzewski, „The People United Will Never Be Defeated!";**
**Marc-André Hamelin (Klavier)**
hyperion / Koch CD 67077

**Alexander Skrjabin**

# *„Le Poème de l'extase"*

*Ein genialer Komponist, zuweilen etwas sonderlich im Kopf. Er schrieb eine „Weiße Messe" und eine „Schwarze Messe", träumte sich in eine ekstatische Ideenwelt, setzte ein Farbenklavier ein und erfand das Klangzentrum, den „mystischen Akkord", der aus den erstarrten Resten der Tonalität bestand und wie ein geheimnisvolles Klangmal in die neue Zeit ragte.*

*Alexander Skrjabin (1872–1915), dieser enthusiastische Russe, war ein Grenzgänger, ein sensualistischer Klangkitzler. Aber die Musik suppt nicht. Trotz seiner leicht entrückten Geistesart war ein Skrjabin ein unbestechlicher Meister des Operativen. Er arbeitete sich in das Süße, das Überströmende, das Wolllüstige mit höchster Genauigkeit ein. Für drei Hauptwerke Skrjabins haben sich ideale Interpreten gefunden: der vielseitige und erlebnishungrige Pianist Anatol Ugorski, das blendende Chicago Symphony Orchestra und der Klang-Radiologe Pierre Boulez. Das Ergebnis reckt sich gebieterisch aus einer Welt zwischen Chopin und Futurismus.*

 **Alexander Skrjabin, „Le Poème de l'extase", Klavierkonzert fis-moll, „Prométhée. Le Poème du feu"; Anatol Ugorski (Klavier), Chicago Symphony Orchestra, Pierre Boulez**
DGG / Universal CD 459 647

# 134

## *Symphonien*

*Auf Messers Schneide stand der Symphoniker Schumann(1810–1856) oft in den Duellen der Musikkritik. Klobige Instrumentierung, Kopie des Klaviersatzes, meckerten die einen; die anderen sahen gerade in den Symphonien Schumanns Poesie leuchten. Zu hören waren sie lange aus den gut gefetteten Auflaufformen der Bearbeiter. Auch Mahler fand es richtig, den „schmalbrüstigen" Schumann auszustopfen. Seit kurzem wird das Messer wieder gewetzt: das chirurgische der historischen Aufführungspraxis. Als jüngstes Zeugnis darf John Eliot Gardiners Schumann-Aufnahme mit dem fabelhaften Orchestre Révolutionnaire et Romantique begrüßt werden (vier Symphonien, dazu die frühe „Zwickauer", Konzertstück für vier Hörner sowie „Ouvertüre, Scherzo, und Finale"). Gardiners Vademecum: Er verordnet den Besetzungsgrößen Diät und achtet aufs Aufgekratzte (als Rhythmiker war Schumann ein Unruhestifter). Gottlob geht Zartes nicht eiskalt vor die Hunde. Wer über die dionysischen Tempi staunt, muss wissen, dass der himmelstürmende Schumann 1841 weit feuriger empfand als der sedierte, langsamer denkende der fünfziger Jahre.*

**Robert Schumann, Symphonien; Orchestre Révolutionnaire et Romantique,
John Eliot Gardiner**
DGG / Universal 3 CD 457 591 2

**The King's Singers**

# „capella"

*Ihre Konzerte wandern von der Feierlichkeit zum Frohsinn. Oft beginnen die sechs Gentlemen mit Hymnen von Byrd und Tallis. Bald lugen Teufel und Tier hervor. Andächtiges von Schubert spendet kurzen Trost. Irgendwann kommen die Beatles, fegt der Jazz, kracht der Rap und giggelt der Nonsens.*

*Die King's Singers sind Weltmeister in der Kunst, jedes Publikum zu knacken. Der Saal kringelt sich, während die heiteren Agenten ihrer Majestät Mienen machen, als feierten sie das eigene Requiem. Also fabelhaftes Komikerhand- und -mundwerk. Einen fidelen und anspruchsvollen Querschnitt aus dem vergangenen Jahrhundert bietet die neue 2-CD-Box des Sextetts, die bloß „capella" heißt. Will sagen: Wir sind selber eine Kapelle und brauchen keine Unterstützung. Wer's nicht glaubt, sollte ihre Version von Paul Simons „Fifty Ways to Leave Your Lover" hören. Da sind die King's Singers eine Big Band der Timbres, eine Combo mit bullerndem Bass, schmetternder Trompete, plinkernder Gitarre, knochentrockenem Schlagzeug. Anderswo reicht das für Symphonien.*

*135*

*Zugleich wandelt sich der Klang der King's Singers mit einer Schnelligkeit, dass das Protokoll kaum nachkommt. In Góreckis „Totus tuus" erlebt man ihn als gleißenden Strahl. Gebrochene Romantik entfaltet er in Faurés „Lydia". In Brahms „Abendständchen" gibt er sich süß-versponnen. Doch unüberbietbar ist Robert Chilcotts rassiges Arrangement von „Good Vibrations". Danach ist man für jede Form besinnlicher Tätigkeit verdorben.*

**The King's Singers, „capella" (Pop, Jazz und Klassik)**
RCA / BMG CD 74321 64294 2

**Marcel Dupré**

# „Der Kreuzweg"

*Streng theologisch ist an jedem Tag Weihnachten, Karfreitag, Ostern, Pfingsten –
und so kann man 365 Tage lang ohne Skrupel Marcel Duprés einzigartigen
Orgelzyklus „Le Chemin de la Croix" (Der Kreuzweg) hören.*

*Dupré hatte ihn zunächst im Konzert zu Texten Paul Claudels improvisiert;
später, 1931/32, fasste er die Momentaufnahmen in einem Prozess der
Feinarbeit in Noten. Die 14 Stücke sind sozusagen tönende Kirchenfenster oder
Holzschnitte; sie beschreiten den Weg Christi von der Verurteilung über die
Kreuzigung bis zur Grablegung. Dazwischen bewegende Blicke auf Menschen
(Simon, Jesu Mutter, Veronika, die Frauen von Jerusalem), scharfe psychologi-
sche Blicke auf das Geschehen – etwa auf das höhnische Gelächter der Menge,
wenn Jesus der Kleider beraubt wird, oder auf die Hast, mit welcher der
Leichnam vom Kreuz genommen wird. Musik zwischen Innerlichkeit, Brillanz,
gemeißelter Wucht – und finaler Tröstung.*

*136*

*In der exzellenten Gesamtaufnahme aller Orgelwerke Duprés,
die bei Naxos erschienen ist, widmet sich Mary Preston nun dem Hauptwerk des
aus Rouen stammenden Komponisten (1886–1971).
An der prachtvollen Orgel des Symphony Center in Dallas trifft sie die
Charaktere der einzelnen Stationen hinreißend; vor allem besticht ihre gewaltige
Ruhe im tönenden Angesicht des Schreckens.*

**Marcel Dupré, „Le Chemin de la Croix" (Der Kreuzweg),
sieben Choräle aus op. 28; Mary Preston (Orgel)**
Naxos CD 8.55437

**Johann Ludwig Bach**

# *„Trauermusik"*

# 137

*Ein poetischer Herzog im frühen 18. Jahrhundert: Besitzt Sinn für die Ewigkeit der Zukunft. Denkt an seinen Tod. Schreibt sich den Text fürs eigene Requiem und beauftragt seinen Kapellmeister mit der Vertonung. Keine leichte Aufgabe für Johann Ludwig Bach (1677–1731), doch löst er sie wundervoll.*

*Seine „Trauermusik" wird ein doppelchöriger Kardinalfall der gehorsamen Phantasie. Der in Meiningen wirkende entfernte Verwandte Johann Sebastian Bachs fährt seine ganze Kunst auf, und er kann sich da offenbar einiger zuträglicher Gene sicher sein. Die Musik platzt vor Sinnenlust und Farbigkeit. Johann Ludwig Bach gibt alles. Natürlich ist der Schluss vom Lied jubilierend und triumphierend, ein Gotteslob der imperialsten Art. Ganz zauberhaft, was aparte Solisten, die treffliche Rheinische Kantorei und das feine Ensemble „Das Kleine Konzert" unter Hermann Max aus dieser taufrischen Musik machen. Ein bittersüßer, tieftrauriger und springlebendiger Bach – ja warum denn nicht?*

**Johann Ludwig Bach, „Trauermusik"; Zadori, Nori, De Mey, Mertens, Rheinische Kantorei, Das Kleine Konzert, Hermann Max**
Capriccio CD 10814

# 138

## *Kammermusik*

*Oft schon hatten wir in unseren Tipps Musik für bestimmte Lebenslagen.
Für diese CD gibt es keine Lebenslage, man kann sie nämlich immer hören.
Immer! Tag und Nacht, in der Badewanne, beim Wein, beim Toasten, beim
Wanneputzen, bei was weiß ich was. Es handelt sich um die vielleicht schönste,
reinste, glücklichste Aufnahme, die von der leider wenig bekannten Kammermusik Mozarts in Zirkulation ist. Wir hören: die Flötenquartette, das Klarinettentrio, das Oboenquartett, das Hornquintett – Musik der geistreichsten Art, sehr
konzertant, sehr heiter, mit manchen Abgründen und noch mehr Sonnenstrahlen.
Das Nash Ensemble aus London ist dafür ideal: nah an den Errungenschaften
der historischen Praxis, aber mit Weitsicht in Dynamik, Artikulation, Brillanz.
So wird's gemacht.*

**Wolfgang Amadeus Mozart, Klarinettentrio, Flötenquartette,
Oboenquartett, Hornquintett; The Nash Ensemble**
Virgin / EMI 2 CD 5 61448 2

**Olivier Messiaen**

# Oper „Saint François d'Assise"

*Dieser heilige Franziskus tritt mit einer wundersamen Erscheinung auf den Bürotisch. Klappt man die Box auseinander, entfalten sich die vier Silberscheiben wie die vier Tafeln eines Flügelaltars. Wie die vier Evangelien auf CD-ROM. Oder wie vier Kochplatten. Heiliger Franz, zürne uns nicht wegen dieser Gedanken!*

*Sie passen haargenau. Olivier Messiaens Oper „Saint François d'Assise" beginnt mit dem Wunder der Verpackung. Wieder das alte Messiaen-Silberpapier der Blechbläser. Die alten Schleifchen aus Vogelstimmen. Die alten Klebestreifen aus Claude Debussy, transponierten Modi und C-Dur. In ein paar Minuten hat man sich in seinen alten Messiaen wieder eingehört und möchte dann von ihm fünf Stunden lang nicht mehr lassen. Und die Verpackungen verwandeln sich unmerklich zu jenem glühenden Inneren, das sie zu verhüllen scheinen.*

*Für Franziskus' reiches Leben, für Taten, Legenden und Wundmale holt Olivier Messiaen seinen größten Malkasten hervor. Geheimnisvolles trägt er mit pastosen Tönen auf. Er gibt Acht, dass die Instrumentalfarben nicht verwischen. Nebenbei beginnt er seine charakteristischen Bastelarbeiten am Rhythmus.*

*Und rührt sogar an die Mystik des Physikalischen: Begegnet Franziskus dem Engel, hört man nur große Terzen der Flöten – Ausdruck höchster Harmonie. In solchen Momenten, nach all den blitzenden Trompetensäulen und all der schwirrenden Ornithologie, versenkt sich die Musik in eine derart ekstatische Ruhe, dass einem schwindlig wird.*

*Die Aufführung der Salzburger Festspiele ist uns als herrlicher Sonnengesang in Erinnerung. Messiaen-erfahrene Sänger (darunter der großartige José van Dam in der Titelpartie und Dawn Upshaw als gnadenvoller Engel), Arnold Schoenberg Chor und Hallé Orchestra unter Kent Nagano lauschen Messiaens katholischen Träumen mit perfekter Hingabe.*

**Olivier Messiaen, „Saint François d'Assise";
Upshaw, van Dam, Arnold Schoenberg Chor, Hallé Orchestra, Kent Nagano**
DGG / Universal 4 CD 445 176

**Ralph Vaughan Williams**

# Symphonien

*Wenn die mächtige Renaissance abgeschlossen sein wird, die derzeit an die Grundfesten musikhistorischer Gerechtigkeit rührt, dann wird der letzte große Symphoniker der klassisch-romantischen Epoche nicht Gustav Mahler, sondern Ralph Vaughan Williams heißen. Das ist sicher wie der englische Nebel, aus dem die Symphonien des verkannten Genies jetzt wieder auftauchen. Die Aufnahme-Serie des London Philharmonic Orchestra unter Sir Roger Norrington kommt jedoch nicht schemenhaft, sondern wie mit dem Euro-Shuttle zu uns.*

*Vaughan Williams (1872–1958) – ein braver Eklektiker, dessen Musik auf die Tonspur fetter Filmsequenzen drängt? Gewiss führte der Charakterkopf seine Symphonien Nr. 4 f-moll (1935) und 6 e-moll (1948) nicht aufs Schafott der Tonalität. Doch spricht aus ihnen mehr als eine bloß begabte Stimme. Diese Musik borgt sich das Leben nicht, sie stürzt sich hinein. Sie ist das Psychogramm zweier Kriege, ohne dies als Programm auszuweisen. Der Komponist selbst sprach von der „Schönheit, die aus unschönen Dingen erwachsen kann".*

*Norrington hütet sich, den beiden Symphonien die Fratzen eines Pandämoniums anzuschmieren. Er lässt der Musik ihre Lauterkeit. Die Gesinnung eines aufrechten Komponisten prallt von den stählernen Wänden des Blechs indes direkt ins Gehirn, die Streicher machen das Scherzo der Sechsten zum stürmischen Marsch-Gewitter, dessen höhnisches Saxofon-Solo vollends in die Magengrube fährt. Um so elementarer dann die unwirklich dämmernden, bestürzend sanften Schweigezonen des Epilogs.*

*Die Nazis hatten guten Grund, die wahrhaftige Glut dieser Musik zu fürchten, als sie 1939 ein Aufführungsverbot verhängten. Jetzt besteht die Pflicht, die Langzeitwirkung abzuschütteln.*

**Ralph Vaughan Williams, Symphonien 4 und 6;**
**London Philharmonic Orchestra, Sir Roger Norrington**
Decca / Universal CD 458 658

**Michelle Makarski**

# Moderne Violinmusik

Die Schallplattenfirma ECM macht herrliche CD's mit tiefgründigen Booklets, so dass man immer an ECM-Produkte denken sollte, wenn Taschengeld zu verbraten ist. Leider ist die Firma in ihren Beiheften bei Künstlerinformationen knauserig bis zur Ignoranz.

So brachte es ECM fertig, der jungen Geigerin Michelle Makarski eine ganze CD zu widmen, auf welcher sie ein aufregendes und vielseitiges Programm in toller Qualität vorstellt – allein: Über Frau Makarski erfährt man keine Zeile. Wie alt? Woher? Welche Lehrer? Möchte man doch gerne wissen – und dieserhalb nicht telefonieren müssen.

Nun, Makarski spielt gottvoll, und die CD spannt einen atemberaubenden Bogen von Giuseppe Tartinis 7. Sonate zu wegweisenden modernen Geigenwerken von Luigi Dallapiccola, Goffredo Petrassi, Luciano Berio,

*Elliott Carter und George Rochberg. Makarski hat Ruhe, Bogen, Süße, Stil, tadellose Technik. Man lernt vor allem die Stille schätzen, die einem diese CD eröffnet. Thomas Larcher am Klavier assistiert, wo nötig, umsichtig. Ein Geschenk jenseits des Bimmelbammelklingklangdudelns.*

**Michelle Makarski – Elogia per un'ombre, Werke von Berio, Carter, Dallapiccola, Petrassi, Rochberg, Tartini; Michelle Makarski (Violine), Thomas Larcher (Klavier)**

ECM / Universal CD 465 337

**Camille Saint-Saëns**

# Orgelsymphonie

*„Niemand kennt die Welt der ganzen Musik besser als Monsieur Saint-Saëns",
sagte ausnahmsweise unspöttisch Claude Debussy. Der musste es wissen;
Saint-Saëns' (1835–1921) Ruf in Frankreich war legendär. Was er alles gemacht hat: gedichtet, gezeichnet, komponiert, geschrieben, geforscht, sterngeguckt,
georgelt und gelehrt. Ein Tausendsassa, doch nie oberflächlicher Hansel.*

*Die 3. Symphonie c-moll erfreut sich gewaltiger Popularität. Sie heißt „Orgel-
symphonie", weil halt eine Orgel erklingt. Zum Konzertstück für die Königin der
Instrumente taugt sie nicht; hier ist die Orgel einzig für flutende Raumwirkung
und Strahlenglanz zuständig. Vielmehr ist das Werk ein virtuoses und schönes
Paradierstück fürs große Orchester (mit zwei Klavieren). Dass es dem Gedenken
Liszts gewidmet ist, liegt in Saint-Saëns' Verehrung für den Erfinder der sinfonischen Dichtung begründet.*

*142*

*Wir empfehlen natürlich eine 5-Sterne-Aufnahme (was auch sonst, hihi!). Also: Heute noch zum CD-Händler laufen und die Levine-Einspielung kaufen, mit den Berliner Philharmonikern und Simon Preston an der Orgel. Levine gelingt die Balance von Klassizität und Klangluxus imperial; die Berliner zeigen, was sie drauf haben. Zur Abrundung ist einem Paul Dukas' brillanter „Zauberlehrling" ebenfalls herzlich willkommen.*

**Camille Saint-Saëns, Symphonie Nr. 3 c-moll op. 78 (Orgelsymphonie), Paul Dukas, „Der Zauberlehrling"; Simon Preston (Orgel), Berliner Philharmoniker, James Levine**
DGG / Universal CD 419 617

## Johann Sebastian Bach

# *Triosonaten*

*Was macht der besinnliche Mensch aus Deutschland an geselligen Abenden?
Er bereitet Fondues, bastelt Mobiles oder spielt in kleinem Kreis
„Wer wird Millionär?".*

*Nun die 64.000-Euro-Frage: Wie viele Instrumente können bei einer Triosonate
von Bach mitwirken? Sechs? Zwei? Sieben? Vier? Wer bereits die Frage für
einen Irrtum hält, irrt selber. Bei jeder barocken Triosonate für mehrere Instrumente spielen vier Musiker: zwei Solisten, dazu der Basso continuo, bestehend
aus Violoncello und Cembalo (oder Orgel). Trio bezieht sich auf die Zahl der
Stimmen, und der (bezifferte) Bass galt als eine Stimme, auch wenn zwei
Musici ihn betreuten. Tja, wieder was gelernt.*

*Den tönenden Beweis kann sich jeder selbst besorgen. Vor einiger Zeit kam bei
Channel Classics eine prächtige Aufnahme aller Triosonaten Bachs heraus: die
beiden G-Dur-Sonaten BWV 1038 (Flöte, Violine) und 1039 (zwei Flöten)*

_143_

_sowie die Sonate C-Dur BWV 1037 (zwei Violinen). Beigefügt sind Triosonate und sechsstimmiges Ricercar aus dem „Musikalischen Opfer", welches der CD auch den Namen gab._

_Das Ensemble Florilegium wird mir jeden Tag zum lauschigen Privatvergnügen machen. Fern jeder manierierten Zickigkeit, die auf alten Instrumenten mal gang und gäbe war, musizieren die Musiker beseelt, wie es einer gestressten Seele nur zukommt._

**Johann Sebastian Bach – A Musical Offering, Triosonaten; Ensemble Florilegium**
Channel Classics / harmonia mundi CD CCS 14598

**Giuseppe Verdi**

# Oper „Falstaff"

*Mit vollem Bauch singt's sich schlecht, was aber Giuseppe Verdi nicht davon abgehalten hat, den „Falstaff" zu komponieren, dieses feine, turbulente Sittenstück über einen feisten Ritter, der doll foppt und noch doller gefoppt wird. Natürlich gehen Sänger der Titelpartie vor der Vorstellung nicht in die Kantine. Sie sollten aber so aussehen, als hätten sie es getan.*

*Verdis letzte Oper ist möglicherweise seine komplizierteste, was die Anforderungen an das Ensemble anlangt. Man kann den schaltfreudigen „Falstaff" nicht fortwährend im langen 5. Gang fahren. Der Meister erweist sich eben, trotz der „Falstaff"-Schlussfuge, doch nicht nur als reiner Spaßmacher auf Erden, sondern als Artist, der das Gewebe fragil verlötet und raffiniert vernetzt.*

# 144

*Von solchen und ähnlichen Fallstricken bemerkt man in der frühen Karajan-Aufnahme von 1956 nichts bis gar nichts. Das Ensemble um den köstlichen, wundervollen Tito Gobbi ist erlesen sortiert, die Schwarzkopf manieriert sich nur in Maßen, Karajan entfesselt tollen, komödiantischsten Schwung, ohne zu hetzen. Die Partitur als Drahtseil, auf dem er frappierend die Balance hält. Schon der furiose Anfang der Einspielung ist ein Versprechen, das der Dirigent im weiteren Verlauf mit geistvollster Brillanz einlöst.*

**Giuseppe Verdi, „Falstaff"; Moffo, Schwarzkopf, Barbieri, Merriman, Siepi, Gobbi, Alva, Panerai, Philharmonia Orchestra London, Herbert von Karajan**
EMI 2 CD 5 67083 2

**Bernhard Henrik Crusell**

# *Konzerte für Klarinette*

*145*

*Es gibt einen skandinavischen Komponisten namens Bernhard Henrik Crusell, der lebte von 1775 bis 1838 und hat drei Klarinettenkonzerte geschrieben, die zum Schönsten, Charmantesten, Kecksten, Behaglichsten in dieser Gattung zählen. Jetzt gibt es sie in einer erhebenden Neuaufnahme.*

*Musik zwischen Weber, Schumann, Mendelssohn – und kein Jota langweiliger. Kari Kriikku bläst wundervoll.*

 **Bernhard Henrik Crusell, Klarinettenkonzerte Es-Dur op. 1, f-moll op. 5 und B-Dur op. 11; Kari Kriikku (Klarinette), Finnisches Radio-Sinfonie-Orchester, Sakari Oramo** Ondine / Note 1 CD ODE 965-2

_146_

# 3. Symphonie

_Die Kitsch-Beauftragten der Welt-Musikkritik hatten diese CD bald im Visier:
Klingt alles zu schön, zu lackiert. Besitzt allzu clevere Methode.
Taucht wahrhaftigen Klagegestus in billiges Streicher-Mus._

_Mag jeder meinen, wie er will. Ich zweifle trotzdem weder am Können noch an der
Gesinnung von Henryk Górecki (1933 in Polen geboren). Seine 3. Symphonie
stand lange oben in den Klassik-Charts; und obwohl dort bis heute allerhand Öd-
getön rumlungert, hatte Góreckis „Symphonie der Klagelieder" dort einen verdienten
Platz: weil sie mit tonalen Mitteln, aber sehr dichter Polyphonie einen individuellen,
unmittelbar ergreifenden Ton findet. Weil sie kleine melodische Inkunabeln zu
großen Prozessen weitet (Góreckis „Wendeltreppen-Stil" ähnelt der „Glöckchen-
Technik" von Arvo Pärt). Weil der reine, opalisierende, über alle charakterlichen
Bedenken erhabene Sopran Dawn Upshaw die polnischen Texte (mittelalterliches
Klagelied, Inschrift im Gestapo-Gefängnis, Volkslied) so scheu und doch intensiv
vorträgt, dass scheußlich abgebrüht sein muss, wer da nicht in die Knie geht._

**Henryk Górecki, 3. Symphonie;**
**Dawn Upshaw (Sopran), London Sinfonietta, David Zinman**
Nonesuch / Warner CD 7559 79282 2

# „Die Partei hat immer Recht"

*Als diese CD auf den Markt kam, habe ich ihr erstes Stück oft und gern im*
*Autoradio gespielt, bei offenem Fenster und in gebührender Lautstärke.*
*Und was hörten ich und die Umwelt? Die wundervolle Nationalhymne der DDR*
*(Text: Johannes R. Becher, Musik: Hanns Eisler). Niemand hat mich aus dem*
*Auto gezerrt, mich als Ostalgiker oder als Alt-Linken beschimpft; eine Dame*
*erkundigte sich sogar, was das für schöne Töne seien. Ich antwortete ihr gern,*
*sie war Türkin.*

*Welche Musik ein – um es dezent zu formulieren – ziemlich seltsamer Staat*
*den Seinen damals gestattete, hier hört man es mit wachsender Erheiterung.*
*Die Kunstregler und -richter der DDR hatten nie ein Gespür für die unfreiwillige*
*Komik ihrer staatstragenden Weisen; in totalitären Systemen ist dieses Phänomen*
*kein Einzelfall. Das von der Stasi beobachtete, im ungünstigen Fall singfähige*
*Volk hat jedenfalls mit geknautschter Schnute mitgelispelt, weil es spürte, dass*
*ein Devotionshymnus wie „Stalin, Freund, Genosse" bloß scheppernder Schrott*

*147*

*ist. Aber heute hört man ihn mit frivoler Faszination. Was nicht alles möglich war auf fünf Notenlinien und in den Leerräumen für den Text darunter!*

*Gewiss hat die CD „Die Partei hat immer Recht" einen pädagogischen Beigeschmack. Vorsicht, Musik! Nun, man sollte es gelassen sehen. Diese Liedersammlung müsste als Dokument des Humorwesens in jedem deutschen Plattenregal stehen. Und ohne eine Hymnendebatte entfachen zu wollen – Hanns Eisler (DDR-Nationalhymne) war ein ganz großer Meister. Ob er die Musik von Peter Kreuder geklaut hat, ist wurscht. Irgendwie schade, dass sie nie mehr gespielt wird. Ihren Text könnte sogar Edmund Stoiber bedenkenlos unterschreiben.*

*Das stille Kleinod der CD ist die von Brecht gedichtete und abermals von Eisler vertonte „Kinderhymne". Was da an herzerwärmender Innigkeit aus den Kehlen des „Mädelchores des Berliner Rundfunks" strömt, ist über die Maßen ergreifend. Leider taugt sie nicht fürs Auto.*

**„Die Partei hat immer Recht. Eine Dokumentation in Liedern";**
**Nationalhymne der DDR, „Kinderhymne", „Thälmannlied",**
**„Stalin, Freund, Genosse", „Jetzt bist du in der LPG", „Fritz, der Traktorist" u. a.;**
**verschiedene Solisten, Chöre und Orchester**
BMG CD 74321 39486 2          *93*

**Martha Argerich**

# Live aus Amsterdam

*Mythen vergehen nicht, auch wenn ihrer nur selten gedacht wird. Was sich als leuchtendes Motiv, als magischer Moment ins Gedächtnis gebrannt hat, bleibt dort auf ewig gespeichert. Es genügt ein Klick, manchmal nur ein Name, schon beginnt die Festplatte im Kopf zu brummen. Und gleich ist alles wieder da und höchst präsent – eine Erinnerung, ein Gesicht, ein Klang.*

*Die Pianistin Martha Argerich ist eine flüchtige Erscheinung. Oft genug wandelte die Künstlerin wie ein Phantom durch die Welt, unberechenbar seit Wettbewerbs-Triumphen in Warschau, Genf und Brüssel. Trat sie als Solistin auf, ließ sie das Publikum oft erschöpft und ungläubig zurück. Eine so hübsche, frauliche Person mit solch wunderbaren langen Haaren – und dann dieses vesuvianische Klavierspiel, diese Feuerspeier der Motorik, Brillanz und Wildheit. Argerichs Klavierabende sind fraglos Mythen des 20. Jahrhunderts. Seit langem widmet sie sich der Kammermusik, vielleicht hält sie dem Druck eines Solo-Recitals nicht mehr stand, vielleicht ist ihr das Musizieren mit Freunden und Zöglingen als Inbegriff einer Harmonie im Team lieber. Doch sind alle Abende mit einer Martha Argerich in Hochform magnetisierende, niemals transitorische Vorgänge.*

*Und so fuhr ich vor einiger Zeit nach Brüssel, um einen ganzen Abend lang im dortigen Conservatorium zu beobachten, wie „La Martha" (wie sie von ihren Presseoffizieren liebevoll gerufen wird) in Duo, Trio oder Quartett zur Kollegin ihrer Partner und zur Verschworenen des Glücks wurde. Von ihr geht immer noch ein unglaublicher Wille aus, sie reißt Musik aber nicht derb an sich. In Mendelssohns d-moll-Trio lässt sie den Klavierpart dermaßen züngeln, dass auch ein pflaumenweicher Geiger wie der merklich gealterte Ivry Gitlis irgendwann wach wird und die fabelhafte junge belgische Cellistin Marie Hallynck sich zu einer Impulsivität befeuern lässt, die an die ebenso junge Jacqueline du Pré erinnert.*

*Oder in Bartóks Sonate für zwei Klaviere (mit Alexander Gurning) und Schlagzeug: Da bleibt Argerich, mag sie sich noch so demokratisch zurücknehmen, immer die Erste von Vieren, ist sie eine Medea des Klavierspiels, der Furor in Person. Um sie herum: aufmerksame Ehrfurcht, scheue Animiertheit. Mit ihrem zweiten Eleven Mauricio Vallina spielt sie Lutoslawskis Staunen erregende Paganini-Variationen, dass zwei Klaviere zu einem Karussell mutieren, das in Lichtgeschwindigkeit kreist. Dann begleitet sie einen 15-jährigen Geiger namens*

*Géza Hosszu-Legocky bei Dvořák und wieder Gitlis in der Debussy-Sonate und hält sich sehr vornehm und behände zurück.*

*Doch eine Tigerin ist immer auf dem Sprung. Während wir nach dem mehrstündigen Festakt im Conservatorium (zu Gunsten junger Künstler, organisiert von ihrer Tochter Stephanie) bei La Martha im Wohnzimmer sitzen, hören wir, dass sie heimlich an den großen Programmen übt, alles wach hält. Um vielleicht irgendeines nahen oder fernen Tages wieder einen jener gigantischen Klavierabende zu geben, wie ihn die EMI, Argerichs Plattenfirma, neulich als Live-Dokument zweier unwiderholbarer Konzerte herausbrachte: Argerichs Soloauftritte 1978 und 1979 im Amsterdamer Concertgebouw.*

*Argerich musizierte Bachs Partita c-moll, Chopin, Bartók, Alberto Ginasteras „Danzas Argentinas" und die 7. Sonate von Prokofjew. Elementareres Klavierspiel ist undenkbar, doch muss es nicht immer wie Funkensturm aus den Noten stieben. Bach spielt sie mit faszinierender Schattierung der Stimmen, mit ganz natürlicher, unaffektierter Diskretion; doch wenn das aufmüpfige Capriccio kommt, weiß man bei Martha Argerich, warum es etymologisch vom „Bocksprung" abzuleiten ist.*

*Chopin gibt sie nobel und mit stürmischer Grandezza (cis-moll-Scherzo) zugleich; die Bartók-Sonate legt sie offen auf Härte und schonungslose Deutlichkeit an; zu den furiosen Ginastera-Tänzen bemüht man seine Beine lieber nicht. Bei Prokofieff sind alle Gesetze der Schwerkraft gleichermaßen gebändigt wie aufgehoben. Es gibt keine tollkühnere, blitzendere, enthemmtere Aufnahme als diese. Prokofieff als diabolischer Schmied, als atemberaubende Akkordstanze: Allein wegen des Finales, das die Argerich unfasslich virtuos, mit einer ans Prometheische grenzenden Schärfe und Gnadenlosigkeit spielt, möchte man hernach gleichfalls in jenen Jubel einstimmen, den die CD als kollektiven Aufschrei des Amsterdamer Publikums antworten lässt.*

*Mit dieser CD kann jeder seinen privaten Klavierabend im Zimmer haben – und sich zum Mythischen (zurück)träumen. Ob La Martha uns dermaleinst noch einmal die Solo-Gnade und -Gunst erweist? Die Dame ist, wie gesagt, unberechenbar.*

**Bach, Partita c-moll, Chopin, Nocturne c-moll, Scherzo cis-moll, Bartók, Sonate, Ginastera, Danzas Argentinas, Prokofieff, 7. Klaviersonate B-Dur, Scarlatti, d-moll-Sonate; Martha Argerich (Klavier)**
EMI CD 5 56975 2

**Antonín Dvořák**

# *Streichquartette*

*149*

*Als das 19. Jahrhundert schon einige Jahrzehnte auf dem Buckel hatte, kam die Kammermusik fast aus der Mode. Damals war die Welt mit Wagner und Liszt „neudeutsch" und mit Hochsinfonischem tapeziert, weshalb man es Antonín Dvořáks (1841–1904) nicht hoch genug anrechnen kann, dass er weiter Streichquartette komponierte, eins schöner als das andere. Für mich ist sein Es-Dur-Opus 51 von 1878/79 eins der herrlichsten Werke der Gattung. Aaah, dieses slawische Timbre, diese Lust am Spiel mit Folklore und Volkstanz (Dumka, Furiant, Skocná)! Dabei erstaunt und überwältigt Dvořáks satztechnische Kombinatorik. Das As-Dur-Werk op. 105 (1895) ist dagegen reife Rückschau aufs Schaffen – und endet mit einer Polka. Amerika war, trotz erstem Satz, längst vergessen.*

*Die EMI hat diese beiden Werke als virtuosen Live-Mitschnitt des Alban-Berg-Quartetts herausgebracht, das mittlerweile 30 Jahre besteht, doch auf seine alten Tage fast ausdruckshungrig wird. Dvořáks saftiger, temperamentvoller, stets wehmütig umflorter Musik tut das unendlich gut.*

 **Antonín Dvořák, Streichquartette Es-Dur op. 51, As-Dur op. 105; Alban-Berg-Quartett**
EMI CD 5 57013 2

# 150 *Ein Rätsel zum Jubiläum*

*Hier veranstalten wir zur Halbzeit ein Rätsel. Wir suchen den Titel einer Oper und die Namen von Komponist und Librettist.*

*Die Oper dauert 46 Minuten und spielt dort, wo die Musik von CD-Tipp 136 komponiert wurde. Ort der Handlung: ein Atelier. Keine Straßenszene. Der Titelheld ist namenlos und trägt bloß eine Majestätsbezeichnung; der Nachname des Librettisten ist auch eine. Gerne wäre der Held ein anderer, aber wie soll er vor der Welt zum Neinsager werden? Ein Attentat soll durch tückische Automatik erfolgen, jemand soll einen Gummiball drücken, und dann…*

*Es war übrigens Adorno, der von dieser satirischen Oper (mit einem kompletten Hauptsatz als Titel) im Jahr 1928 schrieb, dass sie neben Fürst Igors „Geschichte vom Soldaten" ihr „wahres Gesicht" enthüllen werde: „ein Gesicht, vor dem es schon ungemütlich werden kann". Die Musik ist so lebendig, wie es der Held am Ende bleibt. Auf der CD dirigiert übrigens eine dritte Majestät (Vorname Jan).*

*Schwer? Vielleicht befragen Sie das Publikum oder rufen jemanden an. Den 50:50-Joker gibt's hier nicht.* **Auflösung auf Seite 176**

**César Franck**

# Orgelwerke

*César Franck hat 1861 ein anrührendes Orgelwerk komponiert, das „Prière"
(Gebet) op. 20. Da gibt es eine so auffällige Melodielinie, dass die Hand gleich
zum Hinterkopf wandert, dort rumkratzt und der Inhaber von Hand und Kopf
sich fragt: Woher kenne ich das? Und prompt fällt die Antwort ein: aus Wagners
„Siegfried-Idyll" (1869). Oho! Ein Klau nach allerbester Alberich-Art?
Oder keine Methode, sondern Zufall? Nun, Wagner weilte 1861 in Paris,
und vielleicht hat er in Sainte Clotilde gesessen, als Organist Franck gerade…*

*Der befragte Direktor des Wagner-Museums, Dr. Friedrich, war verblüfft, als er
die Franck-Stelle aus meinem CD-Player via Telefonleitung in Bayreuth hörte.
Wir geben den Vorgang hiermit an die dortige Kriminalpolizei, Abt. Plagiats-
bearbeitung, weiter.*

*Auch über das „Prière" hinaus hört man die neue Gesamtaufnahme aller Orgel-werke César Francks mit Eric Lebrun (entstanden an der herrlichen Cavaillé-Coll-Orgel der Pariser Kirche Saint-Antoine des Quinze-Vingts) mit allergrößtem Wohlgefallen. Lebrun spielt einen ungemein reinen, stilistisch höchst kompetenten Franck – mit großen Bögen (Grand Pièce Symphonique), virtuosen Manövern (Choräle h-moll und a-moll), rhapsodischer Schnittigkeit (Pièce héroïque) und lyrischer Behaglichkeit (Prélude, fugue et variation). Zwei CD's, bei Naxos erschienen – da hat man alles für knapp zehn Euro.*

**César Franck, sämtliche Orgelwerke; Eric Lebrun (Orgel)**
Naxos 2 CD 8.554697/8

**Olivier Messiaen**

# „Turangalîla-Symphonie"

*Vor einiger Zeit im schönen Köln am Rhein: Das Boston Symphony Orchestra führte unter Seiji Ozawa die riesige „Turangalîla-Symphonie" von Olivier Messiaen auf, und am Klavier saß, wie im Waffensaal der Virtuosität, Monsieur Pierre-Laurant Aimard. Elektrik pur! Hinterher mussten er und die Bostoner sich unter einer Orgie aus Beifall und Bravi schier ducken.*

*Das 73minütige Werk, von 1946 bis 1948 komponiert und von Leonard Bernstein in Boston uraufgeführt, ist vorderhand ein Klavierkonzert, doch mehr noch eine gigantische Etüde über Orchesterfarben, modale Metren, Vogelrufe, erregende Cluster, debussynahe Harmonien. Messiaen selbst nannte das Opus eine „Hymne an die Freude". Zuweilen wird „Turangalîla" (ein Wort aus dem Sanskrit, das „Dynamik" oder „Spiel" bedeutet) zu betulich beleuchtet, und dann ist im Rausch der Kitsch nicht fern, zumal bei den gefühligen Passagen der elektronisch jaulenden Ondes Martenot.*

*152*

*Die taufrische und perfekte Aufnahme mit den Berliner Philharmonikern unter Kent Nagano fügt der Musik immerzu Stromstöße zu, das tut ihr gut. Die Tempi sind mitunter orgiastisch, doch stets so kühl gewählt, dass die Transparenz nicht leidet. Wie Inseln der Ruhe dazwischen die stillseligen Anbetungen der Wonne und paradiesischen Einfalt. Aimard im pianistischen Waffensaal ist abermals in Bestform.*

**Olivier Messiaen, „Turangalîla-Symphonie"; Pierre-Laurent Aimard (Klavier), Dominique Kim (Ondes Martenot), Berliner Philharmoniker, Kent Nagano**
Teldec / Warner CD 8573 82043 2

**Johann Sebastian Bach**

# *Lautenmusik*

*153*

*Diese CD sei doppelt gepriesen, für musikalische Qualität und therapeutische Wirkung. Ich glaube kaum, dass jemand die Sarabande aus J. S. Bachs g-moll-Lautensuite hört und danach nicht völlig entspannt ist. Ebenso wenig glaube ich, dass sie jemand so feinsinnig und atemvoll spielt wie Ansgar Krause.*

*Auf der Doppel-CD musiziert er Originalwerke und bachische sowie eigene Bearbeitungen (Suiten, Partiten, Präludien, Fugen) – meist in jenen Erst-Tonarten, die Gitarristen gewöhnlich ablehnen und umheben, oft nach a-moll. Krause hat das nicht nötig, denn er ist ein technisch höchst zuverlässiger, stilistisch unbestechlicher Musikant. Man möchte ihm stundenlang zuhören – und mit CD geht das sogar.*

*Danach ist man riläckst.*

 **Johann Sebastian Bach, Werke für Laute (in Original und Bearbeitung); Ansgar Krause (Gitarre)**
Amati / Note 1 2 CD 9904 2

# 154

*Etüden*

*Der Anfang: ein Bluff. Debussy schiebt eine halbe C-Dur-Tonleiter in Achteln vor und zurück. C-D-E-F-G-F-E-D-C. Parbleu! Obendrüber Widmungen an Frédéric Chopin und den Klassik-Etüdenmeister Carl Czerny.*

*Debussy setzte seine Ironie als Hobel gegen ungeschliffenes Mittelmaß ein. Will sagen: Kinder, wagt euch nicht an diese Etüden; der Anfang ist eine Falle! Es gibt viele Fallen in diesen 12 Etüden, denn sie bieten eine Systematik des Schwierigen: Terzen, Quarten, Sexten, Oktaven, Repetitionen, Arpeggien, Akkorde. Natürlich ist das kein trockenes Einspielfutter, sondern erregend balladeske Kunst. Maurizio Pollini spielt sie wie in Chopins Nachfolge, ohne es an lateinischer Klarheit mangeln zu lassen.*

*Als Beigabe: Pollinis feine Einspielung von Alban Bergs erster und einziger Sonate.*

**Claude Debussy, 12 Etüden, Alban Berg, Sonate op. 1; Maurizio Pollini (Klavier)**
DGG / Universal CD 423 678

**Robert Schumann**

# „Faust-Szenen"

*Faust, überall Faust. Er saß im Komponistenkopf und sorgte für Überschwang und Mutlosigkeit. „Wozu Musik zu solcher Poesie?", fragte Schumann verlegen. Wollte Faust bald eine Oper widmen. Fiel in tiefes Sinnen. Las irgendwann den „Chorus mysticus", und ein Blitz durchschoss ihn, die Erlösung von der Hemmnis – durch der Tragödie beide Teile, durch den zwiefachen Faust, durch Erlösungszauber. Das war der Weg, den noch keiner gegangen war.*

*Für den doppelten Goethe als „Bildungsoratorium", das Faust erst sterben lässt, um ihn dann zu retten und zu verklären, brauchte Schumann vier Etappen in neun Jahren – und je älter er wurde, desto merkwürdiger, totensteifer die Musik. Die „dritte Abteilung" seiner „Szenen aus Goethes Faust" ging ihm 1844 leicht von der Hand, da musste er sich lyrischen Schwung, Frische des Details und Empfindsamkeit noch nicht abringen. Hartleibig dagegen wälzt sich die Ouvertüre (1853) hin, als Schumanns Geist nicht mehr sehr wach war. In den Abteilungen dazwischen, 1849/50 komponiert, hört man beides: Schumanns Liebe, Schumanns Mühsal. Da schreibt einer, der Furioses zu einem Stationendrama entfesselt, aber auf knarrendes Handwerk nicht mehr verzichten kann.*

*Philippe Herreweghe meint, dass schwankende Qualität innerhalb einer Komposition die Sympathie für sie beflügelt – weil das Wesen des romantischen Genies menschliche Züge gewinnt. Den Charakter jedes Satzes poliert der Dirigent zum Kristall, alles Pathos fräst er weg. Ihm gelingt so eine Pointierung, welche stilistische und dramaturgische Sprünge exzellent versöhnt. Die Gretchen-Tragödie vibriert vor apartem Tiefsinn, das Scherzo der „Mitternacht" dräut nicht, es sprüht. Die Lemuren fallen wahrhaft „neckisch" ein, die Engel sind lufthelle Paradiesboten. Und die Solisten – allen voran William Dazeley (Faust), Camilla Nylund (Gretchen) und Kristinn Sigmundsson (Mephistopheles) – begegnen uns als flammende Erscheinungen, nicht als überspannte Heroen.*

*Und so beginnt man die Faust-Szenen doch zu lieben. Sie bedurften, um Goethe zu zitieren, Herreweghes Retterblick.*

**Robert Schumann, „Faust-Szenen"; Soli, Collegium Vocale, Chapelle Royale, Rias-Kammerchor, Orchestre des Champs Élysées, Philippe Herreweghe**
harmonia mundi 2 CD 901661.62

**Wolfgang Amadeus Mozart**

# *Messe c-moll*

*Über diese Aufnahme von Wolfgang Amadé Mozarts Messe c-moll KV 427
könnte man endlos schreiben. Sie beginnt im Kyrie unerhört tastend,
mit zartem Geheimnis. Das Gloria prangt, die Fugen sind erzen, die Arien drin-
gen zu Zonen des Privaten vor; das Credo jubelt, alle Zweifel des Glaubens
wischt John Eliot Gardiner mit Schwung und Akkuratesse weg. Der Monteverdi
Choir leistet wieder mal Paradiesisches, assistiert von vortrefflichen, dem Süßen
nicht abholden Solisten und den bravourösen English Baroque Soloists. Und über
allem thront Weltmeister Mozart und befeuert das Ganze zu apollinischer
Lupenreinrassigkeit.*

**Wolfgang Amadeus Mozart, Messe c-moll KV 427; Sylvia McNair, Diana Montague,
Anthony Rolfe Johnson, Cornelius Hauptmann, Monteverdi Choir, English Baroque
Soloists, John Eliot Gardiner**
Philips / Universal CD 420 210

**Georges Bizet**

## *Oper „Carmen"*

*Letztens sollte ich mich vor einigen Freunden zu der beliebten Frage „Welche zehn CD's würdest du auf die berühmte einsame..." äußern. Ich gab neun Voten ab und orakelte: „Nummer 10 reich' ich schriftlich nach!" Voilà: Da ist sie.*

*Man will im Pazifik ja auch fröhliche Tage voller Lust und Feuer haben, will dem Meer entsteigen und sogleich in unvergänglichen Melodien weiter baden. Dazu zertrümmere ich eine Kokosnuss, lege mich unter eine Palme, mixe mir einen Gin Tonic, schalte den glücklicherweise vorhandenen Strom ein – und höre „Carmen"! Diese „Carmen"! Diese schönste, eleganteste, brisanteste, ewige aller „Carmen"-Aufnahmen, entstanden in Paris 1958/59. Ein perfektes Ensemble mit Victoria de los Angeles und Nicolai Gedda. Am Pult der überwältigend musikalisch koordinierende Thomas Beecham.*

**Georges Bizet, „Carmen";**
**Victoria de los Angeles (Carmen), Nicolai Gedda (José), Janine Micheau (Micaëla),**
**Ernest Blanc (Escamillo), Chor und Orchester ORTF Paris, Thomas Beecham**
EMI 3 CD 5 67357 2

**Georg Philipp Telemann**

# *Trios*

*158*

*In Zeiten, da eine hochgradig telegene Menschheit nur noch per Telefax und Telefon kommuniziert, sich mit Teleskopen Ein- und Ausblicke verschafft und den Rest vom Teleprompter abliest, tut es gut, an den großen Telemann zu erinnern, der all dies nicht kannte und gewiss auch nie benutzt hätte – weil er selber in seiner Musik so unendlich direkt und gesprächig war.*

*Gesprächig, nicht quasselig: In Georg Philipp Telemanns Trios sitzt jede Pointe, glückt jede Antwort. Es ist ein Musizieren wie auf Zuruf, das der Barockmeister hier anzettelt – und trotzdem geht den Instrumenten nicht der Gesang aus. Mitunter wird Telemann von Holzköpfen als Langweiler abgetan. Die sollten sich in der mustergültigen Neuaufnahme von Paul Dombrecht, Wieland Kuijken und Robert Kohnen mal in Track 14 bei 0:29 einblenden – wer da nicht auf der Stelle ein weiches Herz kriegt, der sollte baldigst zum Kardiologen gehen.*

 **Georg Philipp Telemann, Trios; Paul Dombrecht (Oboe), Wieland Kuijken (Viola), Robert Kohnen (Cembalo)**
passacaille / Note 1 CD 917

**Darius Milhaud**

# *Kammermusik*

*Wer es hier gershwinern hört, denkt ein paar Jahrzehnte zu knapp zurück.
Es war nämlich im Jahr 1922, da hatte sich der provençalische Meister Darius
Milhaud (1892–1974) nach New York begeben und Jazzkneipen seine bewun-
dernde Aufwartung gemacht. Die Ideen, die er mitbrachte, waren so prall und
ergiebig, dass er gleich eine ganze Ballettmusik daraus schnitzte –
und zwar über ein Thema, zu dem ihm Joseph Haydn später im Elysium nur
gratulieren konnte: die Erschaffung der Welt.*

*„La Création du Monde" für Klavier und Streicher ist die erste von vier
zauberhaften, „sehr gepfefferten" (Milhaud), kreuzfidelen, melancholischen
Kammermusiken, welche die RCA ins Expeditionsgepäck nahm. Allerbeste
Künstler treten an, Milhauds fast interkontinentale Sprachkunst (zwischen
Harlem, Ipanema und Aix-en-Provence) farbgeografisch genau zu lokalisieren –
als azur-blau, kneipen-blue, sandgelb, serenadenrot.
Zuweilen klingt die Musik auch nur herrlich dreckig.*

**Darius Milhaud, „La Création du Monde", Suite für Klavier, Violine und Klarinette,
„Saudados do Brazil", Sonate für zwei Violinen und Klavier;
Paul Meyer (Klarinette), Éric Le Sage (Klavier), Tedi Papavrami, Raphaël Oleg
(Violinen), Christophe Gaugué (Viola), Françoise Salque (Cello)**

RCA Red Seal / BMG CD 74321 80103 2 *111*

**Richard Strauss**

# Chorwerke

*Hören und sich flugs wegdenken zu anderen Werken des Komponisten –
das ist eine beliebte, unvermeidliche Sinnesleistung des gebildeten Musikfreunds.
Der Geist neigt eben zum Vergleichen, zum Wiedererkennen, zum Sortieren.
Und so kommt es, dass einem in der „Deutschen Motette" von Richard Strauss
(1864–1949) gleich die „Alpensymphonie" einfällt (themenverwandt), bei „Der
Abend" der „Don Quixote" (tonmalerisch verwandt) und bei der „Göttin im Putzzimmer", die „Schweigsame Frau" (küchenverwandt).*

*Richard Strauss als Chorkomponist: ein köstlicher, erhebender und leicht knurri-
ger Fall. Die Harmonik badet in allen erdenklichen Essenzen, der Kontrapunkt
ist teils ehrwürdig, teils luftig. Und überhaupt ist das ganz tolle, allerdings
gewaltig ausgereizte und gespreizte Musik, an die sich Chöre nur bei entspre-
chender vokaler Kondition und Bestückung mit Profi-Prachtstimmen wagen.*

*160*

*Die hat der Rias-Kammerchor in reichem Maße zu bieten. Man höre nur den Beginn des 16-stimmigen „Der Abend" – da hält der Sopran sein hohes G über fast anderthalb Minuten, dass man irgendwann einen Phantom-Ton zu hören meint. Es ist aber ein echter – und hier ganz wundervoller.*

**Richard Strauss, „Deutsche Motette" op. 62, „Der Abend" op. 34/1, Hymne op. 34/2, „Die Göttin im Putzzimmer" o. op. 120; Rias-Kammerchor, Uwe Gronostay, Marcus Creed**
Deutsche Schallplatten / Klassik Center Kassel CD DS 1002 2

**Hector Berlioz**

# Oper „Béatrice et Bénédict"

*Höre ich einen Leser gerade „Den Titel kenn ich doch…" murmeln?*
*Wenn es so ist, habe ich Spaß an einem Erinnerungsblitz. Vor einiger Zeit habe*
*ich mal eine Rezension dieser zauberhaften, äußerst unterhaltsamen Oper in*
*Amsterdam geschrieben – und seitdem kriege ich die Musik selber nicht mehr*
*aus dem Ohr. Immer wieder dieser blitzend charmante Gestus der Ouvertüre,*
*dieses kuschelige Gute-Nacht-Duett, diese brillanten Chöre, diese betörenden*
*und virtuosen Arien. Als ob es eine Repeat-Taste in meinem Kopf gäbe!*

*Warum soll es anderen Musikfreunden schlechter gehen als mir? Sie alle können*
*sich einfach die bessere der beiden verfügbaren Aufnahmen zulegen. Es ist nicht*
*die von Berlioz-Altmeister Colin Davis, sondern die von John Nelson mit dem*
*Ensemble der Oper Lyon. Über die Besetzung staunt man schon beim Lesen:*
*Susan Graham (Béatrice), Sylvia McNair (Héro), Gilles Cachemaille (Claudio),*
*Catherine Robbin (Ursule) und Gabriel Bacquier (Somarone).*
*Und so toll klingt's dann auch.*

*161*

*Nicht wundern: Die Dialogtexte sind in originalem Französisch, trotz Shakespeare. Aber von dem hat sich Berlioz hier sowieso recht weit entfernt – nicht zu beider Nachteil.*

**Hector Berlioz, „Béatrice et Bénédict" (franz.);**
**Solisten, Chor und Orchester der Oper Lyon, John Nelson**
Musifrance Erato / Warner 2 CD 2292 45773 2

**Franz Liszt**

# *Klaviermusik*

*Manche Gelöbnisse und Gelübde tragen bereits das Siegel des Widerrufs.*
*Da muss man durch und abermals geloben: Es war ein Irrtum. So auch ich nun.*
*Irgendwann in meinem Leben gelobte ich, dass ich nie eine CD mit Musik von*
*Franz Liszt besprechen werde. Jetzt präzisiere ich: Noch immer finde ich große*
*Teile von Liszt grob, langweilig, klingelnd in Idee und Ausführung.*
*Manches jedoch aber indes ist möglicherweise nun denn freilich unter*
*Umständen vielleicht – genial.*

*Kommt es auf den richtigen Pianisten an? Gut möglich, dass ich lange Liszt-*
*geschädigt war von den Monomanen des Pianistengewerbes. Es kann aber auch*
*sein, dass mir der Norweger Leif Ove Andsnes, ein Meister der klarheitswütigen*
*Leidenschaft, eine Liszt-Erleuchtung ersten Ranges hat zuteil werden lassen.*
*Seine CD mit lauter lisztoiden Großwerken – „Dante-Sonate", drei Mephisto-*
*Walzer, Valse oubliée Nr. 4, Ballade Nr. 2,*

*162*

*Andante lagrimoso (aus „Harmonies poétiques et religieuses") und Élégie (nach „Die Zelle in Nonnenwerth") – erfüllt alle Anforderungen einer Vortragskunst, die aus der Musik selber spricht. Andsnes erzählt fraglos erlebnisdichte Geschichten, doch behütet er sie vor Entfesselungen des Effekts an sich. So gespielt, hat Liszt bei allen programmmusikalischen Ausritten etwas fabelhaft Pures. Dass ich da nicht früher drauf gekommen bin!*

**Franz Liszt, Klavierwerke; Leif Ove Andsnes**
EMI CD 5 57002 2

**Pierre Cochereau**

# Improvisationen

*Ja, er war ein König auf der Orgel, und als der große Präsident de Gaulle tot war, zog er ihm zu Ehren alle königlichen Pfeifen. Der König hieß Pierre Cochereau und war gleichfalls Franzose, und so spielte er zur Beerdigung die „Marseillaise", mit allen Zungen und Mixturen, die in der Orgel zu Notre-Dame Paris in furchterregend herrlicher Vielfalt vereint sind. Ein paar Jahre später saß Präsident d'Estaing im Gottesdienst, Cochereau improvisierte wieder über die „Marseillaise", nun in Moll – als Cortège, als Trauermarsch. Obwohl keiner gestorben war, ihm war einfach danach.*

*Cochereau (1924–1984) war edles Glied einer grandiosen Adelskette französischer Improvisatoren (Dupré, Duruflé, Langlais); sein gigantischer Formsinn, der riesige Bögen und Kuppeln zu bauen vermochte, imprägnierte jede seiner Erfindungen gegen Gedudel und Verwässerung. Ihm fiel in einer Minute so viel ein wie anderen Organisten im ganzen Leben nicht; und doch entschied er sich fast immer für die intelligente, zwingende aller Lösungen. Seine Variationen über „Adeste fideles" oder seine „Symphonie improvisée" finde ich genial – da gibt's kein kleineres Wort. Der englische Organist Jeremy Filsell hat in nächtelanger Hör- und Schreibarbeit Cochereaus Improvisationen „rausgehört" (wie Fachler sagen), also transkribiert, in Noten gebannt. Und nun auf der tollen Orgel der Kathedrale in Liverpool wieder zu Klang werden lassen. Er erweist sich als getreuer Künstler, der die flüchtige Kunst des königlichen Kollegen in die Ewigkeit geleitet.*

**Pierre Cochereau, Improvisationen; Jeremy Filsell (Orgel)**
ASV / Koch CD DCA 1104

**Johann Sebastian Bach**

# „Magnificat"

*Der liebe Gott ist nicht kategorisch nett, wenn es ans Eingemachte seiner Prinzipien geht. Er hat ein paar Pappenheimer, die sich – so verkündet das „Magnificat" – warm anziehen sollten. Bei Mächtigen, Reichen und Stolzen nämlich reagiert der Herrgott, wie es heißt, schon mal drakonisch. Als Johann Sebastian Bach das „Magnificat" vertonte, gefiel ihm besonders die Zeile „dispersit superbos mente cordis sui" (er zerstreut die Hochmütigen...).*
*Man merkt das an der schier bildlichen Kraft seiner Musik: Am Ende bricht sie in einem spektakulären, ja bestürzenden Septakkord ab, zerläuft chromatisch wie der Inhalt einer geplatzten Blase, bis göttliche Macht alles auffängt und sozusagen sieghaft in den Kelch für erledigte Fälle gießt – unter kräftigstem Trompeten-Gegleiß.*

*164*

*Auch anderswo zeigt sich Bach in dem strengen, bei aller Stilvielfalt gestaucht wirkenden Oratorium als Theologe erster Güte, der in Tönen so anschaulich predigt, wie das mit Worten nur erlesenen Rhetorikern gelingt. Da wirkt es einleuchtend, dass Paul McCreesh für seine Neuaufnahme auf einen Chor verzichtet und alles solistisch besetzt: Wo es nämlich bei erhöhten Tempi sonst häufig wackelt, blitzt sich hier ein kleines Team phänomenal zusammen. Die Kombination mit dem oft unterschätzten Oster-Oratorium ist zwingend – und lehrreich.*

**Johann Sebastian Bach, Oster-Oratorium BWV 249, „Magnificat" BWV 243;**
**Gabrieli Consort (Soli) und Players, Paul McCreesh**
DGG Archiv / Universal CD 469 531

**Ernest Chausson**

# Lieder

*165*

*Über Ernest Chausson (1855–1899) teilt das Musikschrifttum stets
zuverlässig mit, woher er kam (von seinem Lehrer Franck) und wohin er führte
(zu Debussy). Dunkler Pate im Hintergrund: Wagner. Selten erfährt man, wo
der bemerkenswerte Komponist Chausson stand. Nun herrschte in Frankreichs
Ästhetik seiner Zeit gewiss ein Gebimmel der Stile: Symbolismus, Décadence,
Art Nouveau, Fin de Siècle. Doch wer die 2-CD-Gesamtaufnahme seiner Lieder
hört, wird sich wie in einer Wanderung durch ein Komponistenleben den eigenen
Platz Chaussons langsam erarbeiten. Er liegt in den „Serres chaudes" oder der
„Chanson perpétuelle" in einer melancholisch verhangenen, niemals vernebelten
Zartheit des Klangs. Diese Musik ist bei aller von Maurice Maeterlinck
entlehnten Treibhaus-Metaphorik, bei aller Schwermut gänzlich un-schwül.
Mit Murray, Lott und Trakas singen wunderbare Wegweiser in die Stille
schönster Musik.*

 **Ernest Chausson, Lieder; Ann Murray (Mezzo), Felicity Lott (Sopran),
Chris Pedro Trakas (Bariton), Chilingirian Quartet, Graham Johnson (Klavier)**
Hyperion / Koch CD 67321

# 166

**Dietrich Buxtehude**

## *Kantaten*

*Bach wusste, warum es sich lohnte, zu Dietrich Buxtehude nach Lübeck zu pilgern. Der Mann war eine Instanz, aber keine versteinert thronende, sondern eine vitale, neugierige, die sich auf ihrem Nimbus nicht ausruhte. Das imponierte dem blutjungen Bach. Natürlich wollte er auch Buxtehudes Nachfolger werden. Nicht imponierend ist, dass die Nachwelt nur den flammenden Orgelmeister Buxtehude (1637–1707) in Erinnerung behielt. Viele seiner großen Vokalkompositionen hingegen behandelt die Nachwelt auch heute noch mit nonchalanter Nachlässigkeit. Nun, zu geradezu drängender Kenntnis bringt uns Cantus Kölln eine prachtvolle Auswahl seiner geistlichen Kantaten. Buxtehude hatte sie fern aller hanseatischen Geschäftsmäßigkeit aus freiem Antrieb geschrieben. Da ist („Gott hilf mir") die große Oper ebenso nah wie das abgezirkelte motettische Prinzip. Cherubinisch schlicht dagegen das anrührende „Befiehl dem Engel, dass er komm". Cantus Kölln, professionell und kundig wie stets, muss keine muskulösen Klimmzüge unternehmen, damit uns diese Musik in ihrer ausdrucks- und geistvollen Geistlichkeit ans Herz greift. Mit Zartheit geht's ja auch.*

**Dietrich Buxtehude, Geistliche Kantaten; Cantus Kölln, Konrad Junghänel (Leitung)**
harmonia mundi CD 901629

**Robert Schumann**

# Streichquartette

*Schumann hatte keine Lust, auch nur den kleinsten Fehler zu machen.*
*Er wollte sich dem Streichquartett nähern, doch Beethoven, Mendelssohn,*
*Mozart und Haydn hockten wie drohende Götter auf seinem Schädel. Da hatte*
*er einen genialen Einfall: Er lud Musiker vom Leipziger Gewandhaus zu sich ins*
*Haus ein, dass sie ihm ihr Repertoire probend vorspielten. Hinterher Umtrunk.*

*1842 hatten sich in seinem Schädel so viele Ideen versammelt, dass Schumann*
*die drei Quartette op. 41 in einem Rutsch runterschrieb, sogleich eine Probe*
*mit jenen Gewandhaus-Leuten anberaumte und dann zahllose Korrekturen,*
*Retuschen und Überklebungen vornahm. Wildeste Autographen.*
*Es hat da Stellen, die auch kompositorisch derart artistisch gebastelt sind, dass*
*der Grad zur Unspielbarkeit fast erreicht ist. Diese rhythmisch-kontrapunktische*
*Dichte ist ein segensreicher Schrecken für Unbefugte.*

*Das Auryn-Quartett aber hat sich nun mit fabelhafter Genauigkeit in diese legere, doch blitzend-akribische Kunst eingearbeitet. Körnig strichelnde Spielfreude (Finale F-Dur-Quartett), dramatische Strenge (a-moll-Werk), ruhevolle Wärme (Adagio des A-Dur-Opus) – und die grazile Wut des Unbedingten. Eine Referenz-Aufnahme.*

**Robert Schumann, drei Streichquartette op. 41; Auryn-Quartett**
Tacet CD 1020

**Alberto Ginastera**

# Orchesterwerke

*Der Argentinier Alberto Ginastera (1916–1983) hat einmal den weisen Satz gesagt: „Jeder Komponist ist ein Architekt, der in der Zeit baut." Diesen Sinnspruch darf man in der Tat lebenspraktisch aufs bauliche Handwerk anwenden: Vielleicht nimmt man seinen mitreißenden Ballettsuiten-Thriller „Estancia" von 1941 ja mal als Vorlage für einen neuen Abenteuerspielplatz.*

*Jede Menge Sport, Spiel und Spannung; Rhythmen stehen hochkant und splittern im Raum; Igor Strawinsky grüßt transatlantisch. Man unterschätze aber auch nicht das exotische Schwirren der fünf „Glossen über Themen von Pablo Casals" (1976). Dagegen ist das licht-schwebende Harfenkonzert (1956) sanftmütig neoklassizistisch getönt.*

*Das Orchestre National de Lyon spielt diese Musik unter David Robertson mit giftiger Zartheit, schlackenloser Präzision. Selbst wenn sie ausbleibt: Immer liegt eine Explosion in der Luft. Isabelle Moretti hingegen rauscht wie eine Elfe über die Harfensaiten. Eine CD erstens für Leute, die irrigerweise glauben, die Orchestersprache des 20. Jahrhunderts gänzlich zu kennen. Und zweitens für Leute, die mal authentische Wurzeln von ganz weit weg und doch sehr nah rupfen wollen.*

**Alberto Ginastera, „Estancia", Harfenkonzert, „Glossen über Themen von Pablo Casals", „Panambí"; Isabelle Moretti (Harfe), Orchestre National de Lyon, David Robertson**
naïve / harmonia mundi CD 4860

**Berg, Ravel, Debussy**

# Eine scheue „Nachtigall"

*169*

*Wenn ich ehrlich bin, empfehle ich die heutige CD vor allem wegen eines einzigen Lieds. Ist das unökonomisch, eine Geldverschwendung? Nun, die ganze CD ist kostbar, doch liegt sie in meinem Schatzkästlein wegen Alban Bergs „Nachtigall" (aus den Sieben frühen Liedern). Mit ihr und speziell mit Ingrid Schmithüsens mirakulöser Aufnahme – ah, dieses Zartblühen, diese scheue Sopran-Emphase! – kann ich mir einen ganzen Tag behaglich gestalten. Wozu sonst ist die Repeat-Taste da? Am Ende der „Nachtigall" gibt es eine harmonische Kurve des frühen Berg, die einem Herz und Kehle zuschnürt, so schön ist sie.*

*Die CD heißt „Lieder und Melodien der Jahrhundertwende, Vol. 1", darin noch Debussys verhangene „Chansons de Bilitis", Ravels allerliebste „Histoires Naturelles" sowie Lieder von Alban Berg. Alles singt Ingrid Schmithüsen mit lässiger Schwermut, perfekter Technik, lichtem Charme. Am Klavier macht Thomas Palm eine sehr gute Figur. So, jetzt aber schnell wieder die „Nachtigall" in den Automaten.*

 **Lieder und Melodien der Jahrhundertwende, Vol. 1: Debussy, „Chansons de Bilitis",
Ravel, „Histoires Naturelles", Berg, Sieben frühe Lieder, vier Lieder op. 2; Ingrid
Schmithüsen (Sopran), Thomas Palm (Klavier)**
Canterino CD 1011

# *Laudes Organi*

*Es war nachts um 1.43 Uhr, ich fuhr auf der Autobahn und schaltete das
Nachtkonzert im Radio ein, diesmal vom Sender Freies Berlin. Da tönten Chor
und Orgel. Sie wanden sich durch die Harmonien mit aufreizender Hartnäckig-
keit, und dann kam ein Chorakkord (genauer: ein hymnischer F-Dur-Quartsext-
akkord mit dem Sopran-A als Spitzenton), der mich so elementar traf,
dass ich vom Gas ging. Nach ein paar Minuten sagte der Sprecher:
„Sie hörten ‚Laudes Organi' von Zoltán Kodály." Danach war ich fix und alle.*

*Sofort habe ich mir die CD mit diesem „Orgellob" (einem von Kodálys letzten
Werken) kommen lassen. Und falls ich mich heroisch aufbauen möchte oder
verzückungsselig drauf bin, höre ich sie – und die gregorianisch verdichtete
„Missa Brevis" Kodálys (1882–1967) gleich dazu. Wer's mir nachtun möchte:
Jene Stelle (bei 16:03 Minuten) wirkt auch schon morgens um
9 Uhr ganz phantastisch.*

**Zoltán Kodály „Laudes Organi", „Missa Brevis";
Niederländischer Kammerchor, Uwe Gronostay (Leitung), Edgar Krapp (Orgel)**
Globe / Note 1 CD 5115

**Charles Koechlin**

# Klaviermusik

*Ich lese, also reise ich. Das war die Formel, mit der nicht nur Karl May oder Jules Verne, sondern auch diverse Komponisten in die Welt hinaus zu fernen Orten kamen, ohne ihren Fuß vor die Schwelle gesetzt zu haben. Das Bild, zu dem Bücher und Bilder ihre Phantasie anregten, genügte ihnen. Spurensuche, Archäologie, Recherchen am Schauplatz: Derlei hätte womöglich die Illusionen zerstört.*

*So ähnlich kam auch der große, seit einiger Zeit unter die Lupe der Erinnerung gerückte französische Komponist Charles Koechlin 1913 zu seinen „Persischen Stunden" für Klavier: nie in Isfahan gewesen, doch alles plastisch angelesen und erfunden. Das sind 16 aufregende Studien über zwei virtuelle Tage im mittleren Osten, mit milchig-trägen und sonnenhell-beißenden musikalischen Augenblicken, eingefasst in den ewigen Kreislauf der Natur.*

# 171

*Koechlin (1867–1950) scheint zuweilen Seite an Seite mit Debussy zu sitzen – etwa im „Mondschein auf den Terrassen". Doch ist seine Musik von solcher Individualität, dass die Nähe nie zur Gefahr wird. Der Pianist Herbert Henck macht die zarte Eigenart der Musik auf faszinierende Weise zu seinem eigenen Stilprinzip.*

*Bei Koechlin ist es fast wie im Journalismus: Die besten Reportagen schreiben manchmal (aber nur manchmal!) die Kollegen, die beim Lokaltermin nicht anwesend waren.*

**Charles Koechlin, „Les Heures Persanes" (Persische Stunden); Herbert Henck (Klavier)** Wergo CD 60 137-50

**Georg Philipp Telemann**

# *Hornkonzerte*

*Zunächst wollte ich die „Neue Düsseldorfer Hofmusik", diese vorzügliche Alte-Musik-Truppe, mit einer kleinen Meldung erfreuen: Platte mit Deutschen Naturhorn-Solisten auf dem Markt, tönt schön, hat folgende Bestellnummer. Aber daraus wird nichts, denn die CD ist famos und gehört vom Rhein tippmäßig in alle Welt geblasen.*

*Georg Philipp Telemann war bereits Gegenstand zweier Tipps – doch kann man Telemann gar nicht oft genug im Buch haben. Zwei Ouvertüren, zwei Konzerte, allenthalben die Hörner in vorderster Front: Hier knattert, knarzt und kracht es fast hubertusmäßig, dort weht es dermaßen lauschig über den Streicherteppich, dass einem ganz mild ums Herz wird.*

*172*

*Mitunter wird Telemann sogar zum Anarcho: Soli in unbeaufsichtigtem Freigang,
Grabbeln in der Trickkiste, frappierende Harmoniewechsel.
Höchst bescheiden notierte Telemann indes damals: „Gieb jedem Instrument das /
was es leyden kann / So hat der Spieler Lust / du hast Vergnügen dran".*

*Hier stimmt beides auffallend. Im Geiste sehe ich schon Jäger vor mir, diese
Musik im Traume traulich pfeifend und ihr Halali verschlafend. Wenn dadurch
manches Rehlein heil bliebe, hätte es ein doppelt Gutes.*

**Georg Philipp Telemann, Ouvertüren und Hornkonzerte;
Neue Düsseldorfer Hofmusik, Deutsche Naturhorn-Solisten**
MDG / Naxos CD 605 1045 2

### Alexander Agricola

# „A Secret Labyrinth"

*War ich nicht in den stockdunklen, doch vertrauten Keller der Musikgeschichte gestiegen, als ich diese CD auflegte? Nun aber scheint unwirkliches Licht herein, Wände wandern, Schatten fliegen, Orientierung schwindet. So kann es gehen, wenn man sich mit Musik der Renaissance beschäftigt und mit einem wagemutigen Meister der niederländischen Vokalpolyphonie: Alexander Agricola (1446–1506).*

*Der Sänger der burgundischen Hofkapelle, den Zeitgenossen eine „triumphale Stimme" nannten, bewegte sich durch vermeintlich unauffällige harmonische Räume mit einer Sehnsucht nach Farbigkeit, die alle Grauwerte des Theoretischen löschte. Der gute alte Hexachord-Raum damaliger Musiklehre weitete sich unter Agricolas Lust an bizarren Linienführungen ins Verwegene. Wenn man sich etwa das zweite Hosanna aus der „Missa Guazzabuglio" anhört, glaubt man im Lasso der befremdlichen Modulationen fast schon das frühe 20. Jahrhundert gefangen.*

# 173

*Damals sprach man fasziniert von einem Labyrinth, dem „Garten des Daedalus", wenn sich derartige Kühnheiten auftaten. Agricola war ein wahrer Irrgärtner. Manchmal stand er wegen seiner schweifenden Tonsprache mit einem Bein im Gefängnis für Systemverräter, etwa weil er eine Stimme in der Partitur mit einem Vorzeichen versah, die anderen jedoch nicht.*

*Paul van Nevel, Spezialist für experimentelle Zeitreisen, hat mit dem Huelgas Ensemble seinen Agricola durch die prachtvolle CD „A Secret Labyrinth" schier ans vokale Firmament geheftet. In erhabenen Motetten, den wundertätigen Chansons und jener akrobatischen Messe verwandelt sich der Keller der Musikgeschichte in eine glühende Etage, in welcher immer neue Türen den Weg zu immer neuen Geheimnissen öffnen.*

**Alexander Agricola, „A Secret Labyrinth": Missa Guazzabuglio, drei Chansons u.a.; Huelgas Ensemble, Paul van Nevel**
Sony CD 60760

**Ludwig van Beethoven**

# Streichquartette

*Der Gegenwart bescherten sie blutige Finger, der Nachwelt Albdrücken.
An Ludwig van Beethovens Streichquartetten übte sich Freund Ignaz Schuppanzigh krumm und krank, weil vieles in den Noten höchst unbequem für Geiger liegt. Spätere Kompositeure wie Robert Schumann überkam Beklemmung, wenn sie sich in der Gattung erprobten – und dabei an Beethoven dachten, diesen Himalaya.*

*Heutzutage sind Streicher technisch auf einem anderen Level als damals, doch eine Krise steht bei Beethoven immer im Raum. Da hat es das Emerson String Quartet in seiner überwältigenden, für mein Empfinden unübertreffbaren Gesamtaufnahme leicht: Seit geraumer Zeit teilen sich die beiden Geiger Eugene Drucker und Philip Setzer die Primarius-Funktion. Geteiltes Leid, halbes Leid?*

*Nein, ein doppelter Gewinn, weil nämlich beim Musizieren die typischen Primarius-Allüren wegfallen. Die Emersons spielen ihren Beethoven mit höchster Deutlichkeit und Innenschärfe. Sie brechen das romantische Gesetz vom allseits denkenden und führenden ersten Geiger und seinen drei dackelhaften Assistenten zurück in die Transparenz der Demokratie. Was Beethovens Zeitgenossen an dieser Musik so erschreckte: Hier hört man es mit federleichter und doch tiefgründiger Musikalität und flammender Artikulation, zum Teil in atemberaubend richtigen Tempi.*

*Sieben CD's sind natürlich nicht ganz billig. Diese aber sind unerhört preiswert.*

**Ludwig van Beethoven, sämtliche Streichquartette;**
**Emerson String Quartet**
DGG / Universal 7 CD 447 075

**Felix Mendelssohn Bartholdy**

# Symphonien

175

*Ich war noch nie in Schottland und muss auch vorläufig nicht hin, denn Felix Mendelssohn hat es mir abgenommen. Seine 3. Symphonie a-moll, „Schottische" genannt, ist ein touristischer Erlebnisbericht, wie es kaum schönere gibt. Im vergangenen Sommer etwa saß unsereiner wie ein Schweißperlhuhn im Büro, und da war die „Schottische", nebenbei gehört, wirklich ein Labsal. Natürlich übersetzte Mendelssohn Natur nicht 1:1 in Musik, das geht ja nicht, aber er ließ sich Impressionen zu Erinnerungsbildern einfallen, die alles andere sind als mediterran (das erledigte die „Italienische"), sondern nördlich, kühl, rau, streng, windig.*

*Christoph von Dohnányi hat vor mehr als zwei Jahrzehnten Mendelssohns fünf Symphonien mit den Wiener Philharmonikern eingespielt. Noch heute sind sie im Repertoire der Decca; alle paar Jahre bekommen sie eine neue Bestellnummer und werden kontinuierlich preiswerter. Derzeit kriegt man die kleine Box für unter 25 Euro. Nun denn: Es könnte noch sehr heiß werden in diesem Jahrzehnt, und da hat Mendelssohn, ich sagte es, den idealen Raumtemperaturkühler komponiert.*

 **Mendelssohn Bartholdy, Symphonien 1-5 sowie „Hebriden"-Ouvertüre und „Meeresstille und glückliche Überfahrt"; Gruberova, Ghazarian, Krenn, Wiener Philharmoniker, Christoph von Dohnányi**
Decca / Universal 3 CD 448 514

# 176

Charles-Valentin Alkan

## *Kammermusik*

*Wenn es ihn nicht gegeben hätte, man hätte ihn erfinden müssen – diesen Einsiedler in Paris, diesen Extremgeist der Klaviertechnik, diesen Fantomas zwischen Raffinement, Banalität, Ironie und Versponnenheit. Charles-Valentin Alkan (1813-1888) war der Pate Liszts, Saties, Prokofieff und Ravels in einer Person. Was er auf dem Klavier erfand, langt anderswo zur Ausstattung von Geisterbahnen. Wer Alkan übt, kann seinen Arm gleich eingipsen lassen.*

*Seine Kammermusikwerke zeigen Alkan nicht als gelassenen, Ruhe suchenden Spaziergänger in fremden Wäldern. Auch hier gibt es auf jeder Violin- oder Cello-Saite ordentlich zu tun – aber das Klavier bleibt natürlich das große Zaubergerät. So ist es allein befugt, die unheimliche Welt des „Unterwelt"-Satzes im Grand Duo concertant mit schier futuristischen Akkorden zu malen, während sich oben drüber ein einsames Geiglein erhebt. Und das Mitte des 19. Jahrhunderts! Das Trio Alkan investiert zum Wohle des Patrons prachtvolle Magie und Virtuosität.*

Charles-Valentin Alkan, Trio g-moll op. 30,<br>Sonate de concert E-Dur op. 47, Grand Duo concertant op. 21; Trio Alkan<br>Naxos CD 8.555352

**John Dowland**

# *Folksongs*

177

*Es ist seit langem ein dermaßen weltlich Getümmel um Andreas Scholl, den jungen deutschen Countertenor, dass aus Gründen der Fürsorge fast vor ihm gewarnt werden sollte. Wenn er nämlich jetzt in den Himmel gelobt wird, herrscht in fünf, sechs Jahren Stille um ihn, dieweil er im Ruhm unausstehlich geworden ist. Und das wollen wir ja nicht.*

*Ist Scholl wirklich so toll, wie alle behaupten? Diese Frage muss leider rückhaltlos bejaht werden. Ich habe vor einiger Zeit mal einen 16-Zentimeter-Berg Scholl-Aufnahmen weggehört und darf sagen: Diese Stimme verdient es wahrhaftig, aphroditisch genannt zu werden. Meine liebste Scheiblette vom silbernen Hügel: Andreas Scholl – Lieder zur Laute.*

*Um mal den guten Schiller zu paraphrasieren: „Die Ohren hör'n den Himmel offen, / Es schwelgt das Herz in Seligkeit."*

 **John Dowland, englische Folksongs und Lautenlieder; Andreas Scholl (Countertenor), Andreas Martin (Laute)** harmonia mundi CD 901603

*178*

# Swingende Oper

*Wer sich gepflegt und geistvoll unterhalten (lassen) will, darf heute wieder mal den Crossover-Kleinbus besteigen. Der Fahrer kutschiert uns durch die große weite Welt der Oper, fährt aber zuerst nach Helsinki, wo eine Big Band zusteigt. Das möge niemandem finnisch wunderlich vorkommen. 18 Musiker der National-oper in Finnlands Hauptstadt gründeten 1996 eine Big Band und blieben doch tempeltreu. Sie warfen die Melodien, die sie täglich spielten, nur ins Lackbad, doch nicht in den Fleischwolf. Wie sie nun auf ihrer neuen CD „Carmen" und „Gianni Schicchi", „Eugen Onegin" und „Turandot" freudig mit Blue Notes färben, ohne sie zu demolieren, das hat schon was Köstliches. Und der Swing ist wirklich gut.*

*Andauernd fühlt man sich wie auf Schnitzeljagd: Wann kommt das Thema? Und plötzlich dudelt es derart quietschvergnügt durch die Saxofongruppe, dass man fast vergisst, dass man seit dem 11. September 2001 nur Passionen, Requien und Moll-Sinfonien hören darf.*

**„Swingin' The Opera":** Bizet, Puccini, Verdi, Tschaikowski, Leoncavallo – Ouvertüren und Arien; The Opera Big Band, Antti Sarpila
Finlandia / Warner CD 8573 89428 2

**Sergej Tanejew**

# Chormusik

*Peter Tschaikowski war ein hochsensibler Typ, und Kritik konnte er schon mal gar nicht ertragen – außer sie kam von seinem Schüler und Freund Sergej Tanejew. Ja, dieser Tanejew (1865–1915): Der Nachwelt hat er sich ausschließlich als Schüler, Freund und späterer Lehrer (von Skrjabin und Rachmaninow) im Gedächtnis gehalten. Dabei war er selber einer der Besten, die Mütterchen Russland je gebar.*

*Nicht nur auf dem Klavier: Manche von Tanejews Kompositionen halte ich für sensationell schön. Und die zwölf Chöre op. 27 sind einfach ein Gottesgeschenk. Sie beziehen ihre unmittelbar berührende Kraft aus der raffinierten Hochzeit zweier scheinbar unverträglicher Brautleute: strenger Kontrapunkt und altrussische Tradition hier, spätromantische Expressivität dort. Die Texte? Philosophisch getönte Naturlyrik.*

*Und warum hört man diese Musik nie? Weil sie selbst für trainierte A-cappella-Ensembles nur in – sagen wir: 26 Probewochenenden (in völliger Weltabgeschiedenheit!) aufführungsreif erarbeitet werden kann. Wir wissen nicht, wie lange der Niederländische Kammerchor unter dem estnischen Chorleitungs-Genie Tõnu Kaljuste daran gebastelt hat. Das Ergebnis ist jedenfalls eine Wucht.*

**Sergej Tanejew, Zwölf Chöre op. 27; Niederländischer Kammerchor, Tõnu Kaljuste**
Globe / Note 1 CD 5197

**John Adams**

# Oper „The Death of Klinghoffer"

*Das Gedächtnis der Welt, in dem alle Schrecken unauslöschlich bewahrt werden, gerät seit dem 11. September 2001 unter Dauerbefragung. Wie in der Rasterfahndung des Erinnerns trudeln Ortsnamen, Spuren des Unheils, durch den Raum: Mogadischu, Lockerbie, Oklahoma, Nairobi, Tokio, New York. Der Terror war immer schon da, gewachsen sind seine Dynamik, Perfektion, Brutalität. Und das Undenkbare – heute schon wird's Ereignis.*

*Dem Terrorismus künstlerische Gestalt geben: Für diese Aufgabe kam 1991 allein der Amerikaner John Adams in Frage. Jahre zuvor hatte er seine ironische Opernparabel „Nixon in China" komponiert und die zeitliche Distanz zwischen Stoff und Vertonung aufgehoben; nun wählte er ein gänzlich anti-clowneskes, bedrückendes Detail der blutjungen Welthistorie: die Entführung des italienischen Luxusliners „Achille Lauro", bei der 1985 der amerikanisch-jüdische Passagier Leon Klinghoffer von palästinensischen Terroristen erschossen wurde.*

*Adams schrieb „The Death of Klinghoffer" nicht als heulendes, sich an Brillanz berauschendes Musiktheater, sondern als eine Art oratorischer Thriller, eine reflektierende Passion. Ein Meisterwerk mit sehr lyrischen, präzise das persönliche Erlebnis der Figuren spiegelnden Texten von Alice Goodman.*

*180*

*Adams' Minimal Music hat bei aller Erregtheit nichts stumpf Ratterndes, sondern entbindet die Dimension von Beschwörung und Klage. In der ergreifenden Lyoner Aufnahme unter Kent Nagano geht uns Klinghoffers Schicksal zumal heute so nahe, weil er der einsame Stellvertreter derer ist, die an jenem 11. September in einem Totenhaus in New York versanken.*

*Eine Oper als Soundtrack des Terrors? Nein, dazu ist sie dramaturgisch zu stark, zu eigengesetzlich. Sie endet mit dem unbeschreiblich innigen Abschied der Marilyn Klinghoffer von ihrem toten Mann und mit einem kollektiven Gebet des Chors, das alle auf der Bühne, Gute und Böse, einschließt: „Wir haben uns und unsere Hoffnung dem Dunkel zugewandt. Du kennst unsere Sehnsucht, nichts ist dir verborgen. O Gott, sprich du für uns!" Wer einen Weg der Kunst sucht, das Grauen zu bedenken: Hier hilft sie ihm mit Würde und einer humanen Vision.*

**John Adams, Oper „The Death of Klinghoffer"; Maddalena, Hammons, Sylvain, Friedman, Nadler, London Opera Chorus, Orchester Oper Lyon, Kent Nagano**
Nonesuch / Warner 2 CD 7559 79281 2

**Maarten 't Hart**

# Die Musik zum Roman

*181*

Neulich den zeitlos aktuellen Roman „Das Wüten der ganzen Welt" des Niederländers Maarten 't Hart gelesen. Ein wundervolles Buch, eins meiner liebsten seit langem. Es geht um eine seltsame Leiche, stille Momente am Meer, Fluchtgedanken, biblische Panik, knurrigen Religionsdünkel – und um ganz viel Musik, die sich der Ich-Erzähler selber am Klavier beibringt.
Wusste jemand, dass 't Hart dermaßen schwungvoll-fachkundig-poetisch über Musik schreibt? Ich nicht. Textprobe zu Beethovens Klaviersonate D-Dur op. 10/3:
„...das Menuett, an dem ich mir die Finger wundgespielt habe. Es ist, als stelle Beethoven in den ersten Takten eine Frage und tröste einen dann darüber hinweg, dass man die Antwort nie erfahren wird." Von solchen unprätenziös formulierten, dabei markerschütternd weisen Sätzen ist das Buch voll.

Der Arche Verlag hat diesen hinreißenden Roman in einer Sonderausgabe mit einer CD herausgebracht, auf der eine Großzahl der von 't Hart feinsinnig geschilderten Werke zu hören sind. Kostet nur schlappe 12 Euro und lohnt sich beidseits.

 **Maarten 't Hart, „Das Wüten der ganzen Welt" – Roman mit CD ('t Hart liest selber; Werke von Fauré, Beethoven, Bach, Schubert, Scarlatti, Bruckner, Reger, Brahms); diverse Interpreten**
Arche Verlag Sonderausgabe, 416 Seiten, 12 Euro, ISBN 3-7160-2299-3

# 182

**Morton Feldman**

## *Klavierquintett*

*Nach genau 28, spätestens 42 Sekunden hat man das Gesetz dieser verwunsche-*
*nen Musik verstanden – und wartet jetzt darauf, ob alles so bleibt, wie es begann.*
*„Piano und String Quartet" des Amerikaners Morton Feldman (1926–1987) macht*
*das Ohr zum Organ des Tastens. Es fährt zärtlich über die in der Luft*
*hängenden, unmerklich bewegten Akkorde, gleitet über sie wie über Skulpturen, die*
*schier in völliger Windstille gezeugt wurden. Feldman, Geistesverwandter von John*
*Cage, schrieb das Werk kurz vor seinem Tod, es dauert 73 Minuten am Stück, kei-*
*ne Pause, es schwebt, es will nichts zwingen, doch verwandelt es Klänge mit sanfter*
*Kraft zu schwingenden Aggregaten. Einsamer, friedvoller ist Musik nie gewesen.*

*Das niederländische Ives-Ensemble spielt dieses Klavierquintett, fraglos eins der*
*großen Kammermusikwerke des 20. Jahrhunderts, mit allergrößtem Atem und*
*zauberischer Meditation. Werfen Sie alle Freunde aus der Bude, legen Sie diese*
*CD auf – und Sie werden erleben, wie das Gesetz dieser Musik Ihren Puls lenkt,*
*tröstend beruhigt und heilt.*

**Morton Feldman, „Piano und String Quartet" (Klavierquintett);**
**Ives-Ensemble**
hat ART / harmonia mundi CD 128

**Felix Mendelssohn Bartholdy**

# Oktett Es-Dur

*183*

*Oft habe ich mich gefragt, ob das Es-Dur-Oktett op. 20 von Felix Mendelssohn Bartholdy nicht unters Betäubungsmittelgesetz fallen müsste. Wenn acht Streichinstrumente – also laut Gesetzestext „Pflanzenbestandteile in bearbeitetem oder unbearbeitetem Zustand" – und deren Töne derart ungebremsten Zugang zum menschlichen Sinneszentrum erzwingen, dass dort Rauschzustände und unkontrollierte Glücksgefühle entstehen, dann müsste fast der Staatsanwalt eingreifen. Wie ich aus eigenem Konsum weiß, ist diese Partydroge (unter dem raffiniert unauffälligen Titel „Oktett") häufig zur Belebung langweiliger Gesellschaften im Einsatz gewesen und hat Reaktionen wie Mitsummen, Euphorie, Wehmut, Abhängigkeit und Ekstase ausgelöst.*

*Als guter Bürger möchte ich dem Staatsanwalt soufflieren, dass er vor allem die erregende, klatschmohnrotglühende Aufnahme des Werkes mit dem Auryn- und Minguet-Quartett konfiszieren und die Verbreitung gerichtlich stoppen lässt.*

 **Mendelssohn Bartholdy, Oktett Es-Dur op. 20, Streichquartett D-Dur op. 44/1; Auryn-Quartett und Minguet-Quartett**
Tacet CD 94

# 184

## *Engel fürs 14. Jahrhundert*

*Psst! Nicht mehr reden! Die Engel sind unter uns.
Sie kommen aus Oslo, heißen Anna Maria Friman, Linn Andrea Fuglseth und
Torunn Ostrem Ossum – und sie nennen sich „Trio Mediaeval".
Wie immer haben sie Geschenke dabei, die Engel sind zutraulich und liebevoll.
Aber sie erwarten auch etwas: dass wir uns ihres Geschenkes als würdig erweisen.
Dass wir uns auf die Kniebank der Stille begeben. Was sie uns darreichen, ist
nämlich das Allerzarteste: Vokalkompositionen des 14. Jahrhunderts, darunter –
als roter liturgischer Faden – die legendäre anonyme „Messe de Tournai". Diese
Musik schwingt in der Luft, als habe der Heilige Geist Urlaub und den göttlichen
Atem einzig den Engeln übertragen. Der Himmel klingt von nun an dreistimmig.*

*Dieser Tage besuchte mich mein alter Orgellehrer im Büro.
Am Ende spielte ich ihm die Engel aus Norwegen vor. Er rutschte aufgeregt auf
dem Stuhl herum und rief dann, posaunend wie der Erzengel Michael:
„Die muss ich sofort nach Düsseldorf einladen!"*

**Trio Mediaeval: Vokalmusik des 14. Jahrhunderts, Messe de Tournai,
„Words of the Angel" von Ivan Moody**
ECM / Universal CD 461 782

**Renée Fleming**

# Sopran-Arien

*Kein Gianni hört Laurettas süßen Schmerz. Kein Kalaf vernimmt Liùs letzte Klage. Und ihren Walzer muss Musetta ohne Marcello tanzen.*

*Auch alle anderen Angebeteten, Geständnishörer und Abschiedsempfänger müssen wir uns zunächst hinzudenken. Doch irgendwann scheinen sie durch den Vorhang der Suggestion wieder auf: Wenn Renée Fleming singt, wird aus einer Arie die Welt, und eine Szene ersetzt beinahe die ganze Oper. 65 Minuten folgen wir der Sopranistin durch 14 große Arien, sie beugt sich über eine Kollektion von Juwelen, und irgendwann begreift man den tiefen Sinn solcher Perlenfischerei: Die Künstlerin legt uns das Kostbarste, was das lyrische Sopranfach zu bieten hat, zu Füßen.*

*Nun weiß man vorderhand gar nicht, was denn das Fach von Mrs. Fleming sein soll. Ihre neue CD vereint Liù, Cio-Cio San, Nedda, Musetta, Manon (Massenet), Micaëla, Juliette, Amelia („Simon Boccanegra"), Adriana, Wally, Norma, Hélène („Les Vêpres siciliennes") – das ist ein weiter, endlos scheinender Weg durch die diversen Ausdruckszonen des Sopranfachs, von der scheuen Stille zum veristischen Ausbruch, von der Grisette zur noblen Primadonna. Doch entspricht es Flemings gleichermaßen unbekümmerter wie stilsicherer Gesangskultur, dass sie selbst aberwitzige Verhandlungen mit fabelhafter Natürlichkeit meistert. Und mit Geschmack.*

*Möchte man ihre Stimme zunächst, bei „O mio babbino caro" aus „Gianni Schicchi", für fast zu reif halten – in Liùs „Signore, ascolta!" hat Fleming am Ende ein dermaßen keusch-perfektes hohes B, dass die eisige Turandot bereits hier schmelzen müsste. Als Butterfly entbietet Fleming visionäre Attacke, als Hélène fließende Agilität, als Norma („Casta Diva") seelenfriedvolle Ruhe.*

**Puccini, Bellini, Verdi, Massenet u.a., Opern-Arien; Renée Fleming (Sopran), London Philharmonic Orchestra, Sir Charles Mackerras**
Decca / Universal CD 467 049

**Arnold Schönberg**

# „Verklärte Nacht"

# 186

*Die Tatsache, dass Arnold Schönberg sein Streichsextett „Verklärte Nacht" 1899 komponiert hat, also noch nicht im 20. Jahrhundert, nimmt dem Werk womöglich jenen Schrecken, den es durch die Hintertür wieder einführt. Gewiss ist das Opus eine der späten Apotheosen der Romantik; gleichzeitig weist es in Kontrapunkt und Ingrimm des Ausdrucks weit in die Zukunft – von der für damalige Zeit irritierenden programmmusikalischen Fixierung eines Gedichts Richard Dehmels, das gesellschaftliche Tabus freisinnig verletzt, ganz zu schweigen.*

*Später bearbeitete Schönberg den Meilenstein „Verklärte Nacht" zu Hügel und Berg – mit einer Fassung für Streich- (1917) und einer für großes Orchester (1943). Mir gefällt die glühende Aufnahme der mittleren Fassung mit der Camerata Bern unter Leitung von Thomas Zehetmair ausgezeichnet. Sie hat zudem den Vorteil, dass sie mit Bartóks Divertimento und „Vier transsylvanischen Tänzen" von Sándor Veress zwei weitere große Findlinge bietet und damit die CD zum erheblichen Berner Oberland aufschüttet.*

 **Arnold Schönberg, „Verklärte Nacht", Sándor Veress, „Vier transsylvanische Tänze", Béla Bartók, Divertimento; Camerata Bern, Thomas Zehetmair**
ECM / Universal CD 465 778

**Johannes Brahms**

# „Deutsches Requiem"

*Auch über die Musik von Johannes Brahms sind längst die Staubwedel der
historischen Aufführungspraxis gewischt. Das hat ihr manche Leichtigkeit des
Details zurückgegeben. Ich meine hier vor allem die hochinteressanten
Einspielungen unter Sir Roger Norrington, dem auch das „Deutsche Requiem"
kompetent gelungen ist.*

*Doch höre ich dieses Werk immer noch am liebsten in einer konventionellen
Version – derjenigen unter Leitung von Herbert Kegel. Der hat 1985 mit wunderbaren Solisten (Mari-Anne Häggander, Siegfried Lorenz) sowie Rundfunkchor
und -orchester Leipzig die Wucht und elementare Erhabenheit dieser Musik
deklamiert. Alles Nazarenische trieb Kegel ihr aus, ihm ging es um ihre große,
finstere Dimension; Tod, Hölle und Stachel waren seine Adjutanten.
Alles Frömmeln, das Interpreten hier bisweilen unterläuft, leitete er mit bohrender
Gewalt in Emphase um.*

**Johannes Brahms, „Ein deutsches Requiem";
Häggander, Lorenz, Rundfunkchor und -orchester Leipzig, Herbert Kegel**
Capriccio CD 10095

**Anton Bruckner**

# 8. Symphonie

> „Was aber ist die hohe Geistesübung? Da gewinnt ein Mönch, ganz
> abgeschieden von Sinnendingen, die erste Vertiefung, die zweite Vertiefung, die
> dritte Vertiefung und weilt in ihr. Das nennt man die hohe Geistesübung."
> („Lehrreden des Buddha aus der Angereihten Sammlung")

*Das bezieht sich ganz unzweifelhaft auf den Dirigenten Günter Wand,
seine Abgeschiedenheit im Berner Oberland und seine dritte Vertiefung von
Bruckners 8. Symphonie c-moll im Januar 2001. Zur Anschauung vor der Welt
kam die Geistesübung damals in drei Konzerten mit den Berliner Philharmonikern. Sie wurden live mitgeschnitten, die Bänder vom Einsiedler Wand im heimi-
schen Ulmiz ungezählte Male abgehört, dann zum Schnittplan, schließlich zur
Veröffentlichung vervollkommnet.*

*Wer diese Aufnahme jetzt mit den beiden älteren aus Köln und Hamburg vergleicht, erlebt Wand im Zustand des explosiven Verweilens. Er muss Bruckner nicht mehr zwingen, er verfügt über ihn in höchster Konzentration, er breitet ihn aus in allen Farben und Schattierungen.*

*Aber er wird nicht zum Müßiggänger, der seine Zeit nicht rumkriegt. Nein, die Steigerungen sind jetzt aus völliger Ruhe und Souveränität entwickelt – und doch brechen sie auf dem Höhepunkt aus wie Fontänen. Die Berliner Philharmoniker ehren Wand mit einem Orchesterfest der Spitzenklasse. Das nennt man die hohe Brucknerübung.*

**Anton Bruckner, Symphonie Nr. 8 c-moll; Berliner Philharmoniker, Günter Wand**
RCA Red Seal / BMG 2 CD 74321 82886 2

**Wolfgang Amadeus Mozart**

# Oper „Die Zauberflöte"

*Ohne damit prahlen zu wollen: Zu Hause habe ich 17 Aufnahmen von Mozarts „Zauberflöte", und wenn ich dieses musikalische Gipfelwerk (über Schikaneders Text sprechen wir jetzt mal nicht) empfehle, dann muss ich auf Nummer sicher gehen und noch mal alle hören. Meine Nachbarn werden sich gefreut haben – verglichen mit dem, was sie sonst so erdulden müssen.*

*Doch am Ende des Hörmarathons wusste ich, was ich schon vorher geahnt hatte: dass mir die Einspielung aus dem schwedischen Drottningholm unter Arnold Östman immer noch wunderbar gefällt. Weil sie so unendlich sorgfältig und charmant im Detail ist. Weil Östman seine Musikanten auf historischen Instrumenten so liebevoll spielen lässt, als habe das Wolferl bei ihnen gesessen. Weil die*

*189*

*exzellenten Sänger Mozart singen und nicht klirrende Kunstnummern. Übrigens
machen sie alle aus Schikaneders Versen ganz reizendes Sprechtheater.*

*Königin Silvia weiß ihr Schlosstheaterchen und dessen Mozartkünste übrigens
sehr zu schätzen. Jeder Unadlige darf sich jetzt dem Kunstsinn der vormaligen
Frau Sommerlath anschließen.*

**Wolfgang Amadeus Mozart, „Die Zauberflöte";**
**Sigmundsson, Streit, Jo, Bonney, Cachemaille, Watson, Petzold, Hagegård,**
**The Drottningholm Court Theatre Orchestra and Chorus, Arnold Östman**

Decca / Universal 2 CD 470 056

**Erfrischender Jazz für stille Stunden**

# „Christmas in blue"

*Alljährlich im Dezember hole ich zwei CDs aus der Asservatenkammer und verbringe mit ihnen Wochen, Wochen, Wochen – längstens bis Maria Lichtmess. Die eine ist Bachs „Weihnachtsoratorium", die andere bietet Jazz: „Christmas in blue". Sie kommt vom tollen Christoph-Mudrich-Trio aus Saarbrücken, bietet den vortrefflichen Reibeisen-Bariton Sir Henry (Heinrich Thiel) und ein herzbewegendes, allen Sinnen schmeichelndes Potpourri aus liebsten Weisen: „Let it snow", „Silent night", „Santa Claus is coming to town", „Have yourself a merry little christmas" und mehr.*

*Das ist alles sehr leicht und witzig (mit einem Zitat der TV-Titelmelodie von „Der 7. Sinn"); gepflegter Jazz ist es sowieso, aber auch sehr gehaltvoller. Er macht einen froh, weil's groovt. Keine Sorge: Von Kitsch und Weihnachtsramsch ist „Christmas in blue" so weit entfernt wie Miles Davis von André Rieu.*

**„Christmas in blue"; Heinrich Thiel (Gesang), Christoph Mudrich (Klavier), Johannes Schaedlich (Bass), Oliver Strauch (Schlagzeug)**
Blue Concept BCCD 93/03, über Chr. Mudrich, Amselstraße 15, 66113 Saarbrücken, Fax 06 81 / 73 05 79. E-mail-Adresse: BlueConcept@t-online.de

**Richard Strauss**

# *Lieder*

*Eine große, prangende, voluminöse, kernige Stimme – wie aus einem Stamm geschnitzt. Beweglich ist sie trotzdem; zwischen zwei Achtelnoten wandelt sie sich, wenn das nötig ist, vom Majestätischen ins Zarte, Beschauliche.*

*Im Jahr 2000 hörte mancher Musikfreund die treffliche Birgit Remmert als Fricka im Bayreuther „Ring" – und malte sich womöglich aus, wie schön sie beispielsweise Lieder von Richard Strauss singen könne. Der Wunsch wurde nun Wirklichkeit. Die „Zueignung" gibt sie mit sozusagen enthusiastischer Weisheit, die „Schlagenden Herzen" befreit sie aus aller metronomischen Starre, „Ich liebe dich" singt sie edel, ohne Wülste der Emotion vor sich her zu rollen. Ist sie eigentlich Altistin (steht auf der CD)? Ist sie Mezzo (so hört man sie)? Ach, diese Schubladen. Machen Sie irgendeine auf: Birgit Remmert steckt in jeder drin.*

*Kurzum: ein äußerst starkes, unbedingter Empfehlung zuträgliches Liederalbum, dem Jan Schultsz am Klavier meisterliche Nuancen mitgibt.*

**Richard Strauss, ausgewählte Lieder; Birgit Remmert (Alt), Jan Schultsz (Klavier)**
harmonia mundi CD 901751

**Antonín Dvořák**

# 9. Sinfonie „Aus der neuen Welt"

*Die ewig mäkelnden Makler alles Originalen und sauber Historischen haben hier Motzstoff: „Dvořáks Neunte auf der Orgel – was soll denn das schon wieder?" Nun, meine Damen und Herren: Es ist ein Knüller!*

*Der ungarische Organist Zsigmond Szathmáry, Arrangeur und Transkripteur in eigener Sache, spielt verblüffend virtuos und musikalisch. Das abgeholzte Werk hört man, als werde es einem aus einem herrlich dichten Wald in Wisconsin zugetrieben. Natürlich muss Szathmáry zwischendurch ein paar Knöpfe ziehen und umregistrieren – doch die kleinen Pausen fördern eher die Einsicht in die Tektonik des Werks, als dass sie die Spannung bremsen.*

*Außerdem reagiert die Orgel schneller, unmittelbarer als jedes Orchester. Das ergibt chorische Dimensionen von unerhörter Apartheit. Die sehr schöne Woehl-Orgel in St. Petrus Canisius in Friedrichshafen hält ein wahres Hochregal voll Klangfarben bereit.*

*Ein befreundeter Mäkelmakler hat sein kritisches Besteck beim Anhören der CD gleich in den Keller gebracht. Selbstverständlich ersetze die Orgel nicht das Orchester, unkte er – aber so viel Spaß am Stück habe er nur selten gehabt.*

**Antonìn Dvořák, 9. Sinfonie e-moll („Aus der neuen Welt") – Fassung für Orgel von und mit Zsigmond Szathmáry (Woehl-Orgel in St. Petrus Canisius, Friedrichshafen)**
BIS / Klassik Center Kassel CD 1168

**Ludwig van Beethoven**

# Scherchens „Eroica"-Wunder von 1958

*Und wenn es der letzte Tag wäre oder die Stunde des Jüngsten Gerichts –
ich würde noch einmal zum CD-Regal gehen und genau diese Aufnahme hören,
keine andere. Ich würde sie auch als einzige mit auf eine Insel nehmen, ich
würde sie allen anderen vorziehen, weil sie das Furioseste, Umwerfendste,
Ergreifendste ist, das ich besitze: Hermann Scherchens legendäre Aufnahme von
Beethovens 3. Sinfonie Es-Dur („Eroica"), live mit dem Orchester der Wiener
Staatsoper aus dem Jahr 1958. Sie war lange vom Markt, die Kritiker haben
gemahnt, geflucht und für ihre Wiederveröffentlichung gekämpft – jetzt hat die
Plattenfirma Universal reagiert. Hosianna!*

*Ringkampf zweier Giganten: Der Dirigent fordert ein Höchstmaß an Tempo und Genauigkeit; das Orchester ächzt und bewegt sich doch, es übertritt die Grenze in eine neue Dimension musikalischer Wahrhaftigkeit, in der nicht der schöne Sound zählt, sondern der enthusiastische Ausdruck. Es mag klinischere, perfektere Aufnahmen der „Eroica" geben – diese ist für mich die ultimative (übrigens in exzellenter Klangqualität).*

*Mit auf der CD: Scherchens unromantische, messerscharfe Enttarnung der „Pastorale" als eines sinfonischen Hauptwerks, an dem kein Bröckchen Lehm mehr klebt.*

**Ludwig van Beethoven, Sinfonien Nr. 3 Es-Dur („Eroica")
und Nr. 6 F-Dur („Pastorale");
Orchester der Wiener Staatsoper, Hermann Scherchen**
DGG / Universal CD 471 241

## Johann Sebastian Bach

# Kantaten 21 und 147

*194*

*Jeder kennt diesen Choral mit seiner geschmeidigen, liebreizvoll sich schlängelnden Assistenzstimme, der in tausend Transkriptionen über den Globus eiert. Doch wer weiß, woher er stammt? Nun, aus Bachs Kantate „Herz und Mund und Tat und Leben" BWV 147. Weil Bach das Stück so gut gefiel, hat er's gleich zweimal in diese Kantate eingearbeitet, mit den Strophen „Wohl mir, dass ich Jesum habe" und „Jesus bleibet meine Freude". Früher Fall von Klonen.*

*Das komplette Opus und zusätzlich das Meisterwerk „Ich hatte viel Bekümmernis" (Kantate BWV 21) ist auf der 12. Lieferung aller Bachschen Kantaten zu erleben, die Masaaki Suzuki mit dem hinreißenden Bach-Collegium Japan und glänzenden Solisten vorlegt. Suzuki bietet beide Werke jeweils in ihrer (reiferen) späteren Leipziger Fassung. Doch bleibt Akribie nicht der Quellenforschung vorbehalten. Suzukis Bach-Verständnis ist einem mitteleuropäischen Kern entwachsen, doch nie fuchsig ans Detail gefesselt. Dieser Bach hat Raum, Spiritualität und wundersame Leuchtkraft.*

**Johann Sebastian Bach, Kantaten 147 „Herz und Mund und Tat und Leben" und 21 „Ich hatte viel Bekümmernis"; Yukari Nonoshita (Sopran), Robin Blaze (Altus), Gerd Türk (Tenor), Peter Kooij (Bass), Bach-Collegium Japan, Masaaki Suzuki**
BIS / Klassik Center Kassel CD 1031

# 195

*Sie ist eine Zauberaufnahme: Das berühmte „Stabat Mater" von Giovanni Battista Pergolesi (1710–1736) mit Barbara Bonney und Andreas Scholl und dem beredt phrasierenden Ensemble „Les Talents Lyriques", bei dem das Nomen wirklich das Omen ist. Christophe Rousset leitet mit Diskretion und Schwung zugleich. Kostbar wärmt den Hörer eine Musiziergesinnung, welche ein Werk in jedem Takt heilig ernst nimmt und es nicht als Trampolin zur Selbstdarstellung nutzt.*

*Übrigens war Pergolesi bei der Niederschrift seines wundervollen „Stabat Mater" erst 26 (falls die Legende der Werk-Entstehung authentisch ist). Älter wurde er nicht.*

**Giovanni Battista Pergolesi, „Stabat Mater", „Salve Regina" (beide Fassungen); Barbara Bonney (Sopran), Andreas Scholl (Altus), Les Talents Lyriques, Christophe Rousset**
Decca / Universal CD 466 134

# Leoš Janáček

# *Kammermusik*

*Der große Leoš Janáček hatte Kinderaugen und eine faszinierende Begabung zum Staunen. Er konnte am helllichten Tag träumen. Aber er besaß auch die bohrenden Augen des politischen Scharfblickers. Beide Eigenschaften nutzte er, um die Schönheit der Natur und die Schluchten der menschlichen Gegenwart zu reflektieren. Doch spielte er sie nicht gegeneinander aus. Für ihn war alles eine Kehrseite des irdischen Daseins – und er empfand sich als dessen lauterer Seismograph.*

*Nicht nur in den Opern. Auch in seiner Kammermusik kommt Janáček immer wieder zu hübschen und höllischen Befunden. Über das Concertino für Klavier und Kammerensemble schrieb er an seine Muse Kamila Stösslová: „Dort sind die Grille, Fliegen, ein Hirsch, der Wildbach – und nun auch der Mensch." Zum Finale der Violinsonate gab er den programmatischen Hinweis: „Hier treten die russischen Truppen in die ungarische Ebene ein." Die Russen*

*196*

*waren für Janáček nicht die Bösen, sondern die Erlöser seines geliebten Mährens von österreichischer Fremdherrschaft.*

*Das Ensemble Villa Musica hat vor zehn Jahren einige kammermusikalische Hauptwerke Janáček mustergültig aufgenommen, neben Concertino und Sonate auch das faszinierende, autobiografisch durchglühte Sextett „Mládi" (Jugend), „Pohádka" (Märchen) sowie Presto für Cello und Klavier. Mit Janáček träumen. Meine Lieblingsstelle: 4. Satz von „Mládi" bei 0:33, wo durch die harmonische Kurve der Bestellservice für Wehmut schlechthin kurvt.*

**Leoš Janáček, Kammermusik; Ensemble Villa Musica**
MDG / Naxos CD 30 40 439

**Edvard Grieg**

# Peer-Gynt-Suiten

*Leipzig war für die Katz, befand Edvard Grieg. Zu früh, noch als Teenager, eingeschult am dortigen Konservatorium, in fünf Jahren zu wenig gelernt, hernach „ebenso dumm" wie zuvor. Eine Jugendsinfonie zog er in lakonischer Einsicht zurück, und für die Konzertouvertüre „Im Herbst" gab ihm der erfahrene dänische Kollege Niels Gade eins auf die steife akademische Mütze: „ein Haufen Unsinn". Damals, 1866, hockte Grieg in Rom, wo nur ein Landsmann ihn retten konnte: der Dramatiker Henrik Ibsen. Es sollten acht Jahre vergehen, bis Ibsen sich des jungen Komponisten erinnerte.*

*Der war als Stimme Norwegens mittlerweile erwachsen geworden und selbstbewusst unterwegs, „eine nationale Kunst zu schaffen". Für Ibsens „Peer Gynt" komponierte Grieg 1874 eine fulminante Schauspielmusik, die sich später der Fessel Ibsens entwand und zu den beiden Peer-Gynt-Suiten wurde, welche die Dramaturgie der Vorlage auf den Kopf stellen. Grieg sprang aktweise vor*

*oder zurück und brachte acht Einzelsätze in clevere zyklische Form. Als Grieg
später als Dirigent durch Europa reiste, musste er feststellen, dass die beiden
Suiten an seinem Image klebten wie zähe Trolle. Das kommt davon, wenn man
mit der „Morgenstimmung", mit der „Halle des Bergkönigs" oder mit „Solveigs
Lied" den Typ des sinfonischen Evergreens erfindet.*

*Für immer jung – ein schöner Traum, wenn man das kitschverseuchte Eigenleben
der Suiten im 20. Jahrhundert bedenkt. Insoweit ist die Aufnahme mit dem City
of Birmingham Symphony Orchestra unter seinem finnischen Chefdirigenten
Sakari Oramo ein reinigendes Unternehmen: Sie stellt sich mit höchstem Raffinement naiv und ignoriert ein ganzes Jahrhundert aus klebriger Süße und Flechten-
muffigkeit. Aus dem vorzüglichen Orchester zuckt Griegs Wetterleuchten
vielmehr, als lande Richard Wagners Holländer ein zweites Mal.*

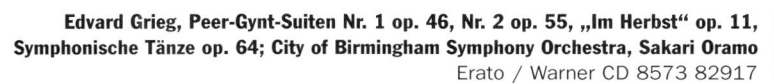

**Edvard Grieg, Peer-Gynt-Suiten Nr. 1 op. 46, Nr. 2 op. 55, „Im Herbst" op. 11,
Symphonische Tänze op. 64; City of Birmingham Symphony Orchestra, Sakari Oramo**
Erato / Warner CD 8573 82917

**Guillaume Dufay**

# „Missa Sancti Iacobi"

*Es liegt ein Mysterienschleier über diesem Stück. Ein Bischof kommt im
15. Jahrhundert nach Vicenza und hat eine Messe für den heiligen Jakob dabei.
Geschrieben hat sie Guillaume Dufay (1398–1474), Vollender und Überwinder
der berühmten „Ars nova" und der isorhythmischen Motette. Aber wann?
Zu welchem Zweck? Für jene namenlosen Pilger, um deren Reise nach Santiago
de Compostela sich der Bischof 1429 so seltsam sorgte? Sollten die Reisenden sie
am fernen Ort singen? Oder schrieb sich der Komponist, der 1428 zum Priester
geweiht worden und oft in Frankreich und Italien unterwegs war, vielleicht die
Sehnsucht nach dem ominösen Weltende in Nordwestspanien vom Herzen?
Nichts weiß man, nichts.*

*Die „Missa Sancti Iacobi" ist ein exemplarischer Fall in der Musikgeschichte.
Zum ersten Mal hat hier ein Komponist das Ordinarium (Kyrie, Gloria, Credo,
Sanctus, Agnus Dei) und das Proprium (Introitus, Alleluia, Offertorium,*

*198*

Communio) der katholischen Liturgie vertont – also jede Position des kirchen-
musikalischen Messritus besetzt. Dufays „Missa plena" ist darüber hinaus voll
von Anspielungen und Winkelzügen: gregorianische Zitate; aus England impor-
tierte Sextakkord-Ketten; die Communio im Fauxbourdon-Stil,
Namens-Akrosticha – da hat ein Komponist die ganz große Lösung erstrebt.

Herrlich, wie sich das superbe Vokalensemble „Cappella Pratensis" in Messe
und zugehöriger Motette „Rite maiorem iacobum canamus" in einen keuschen
Rausch singt. Wir hören hier nichts anderes als – die Ekstase der Stille.

**Guillaume Dufay, „Missa Sancti Iacobi",**
**Motette „Rite maiorem iacobum canamus"; Cappella Pratensis**
Ricercar / Note 1 CD 233482

# Mauricio Kagel

## „*Heterophonie*"

*Als das Werk 1962 uraufgeführt wurde, schaltete das Orchester auf Durchzug, keiner begriff es, großes Murren. Dabei befand man sich im neunmalmusik-klugen Köln. Nun, der Komponist widmete das Stück später dem „Marquis de Sade und dem Rundfunk-Sinfonieorchester des WDR". Ha!*

*„Heterophonie" von Mauricio Kagel: ein Zentralstück der Moderne. Die Musiker haben Freiheiten wie nie sonst. Sie spielen innerhalb vorgegebener Klangzeit-räume intervallisch versetzte Phasen. Müssen Oboe und Fagott ihren „höchsten Ton" nehmen, hört man logischerweise zwei Töne, also das Mindestmaß an Heterophonie. Das Ganze ist aber weitaus verwickelter, weil die Einsätze schlierenförmig sind – und schon hat man rhythmische Heterophonie als modifi-zierte Aleatorik. Heilandszack, muss Neue Musik immer so kompliziert sein?*

*199*

*Ist sie gar nicht. Das Opus klingt hochgradig spannend, und wer sich in die dichte, von Michael Gielen toll gesteuerte Aufführung in Frankfurt einlebt, ist am Ende klüger als die Leute vor 40 Jahren. Mit auf der CD: Kagels raffinierte „Improvisation ajoutée", ein Orgelheldenleben, bei dem auch gepfiffen und gebrüllt wird.*

**Mauricio Kagel „Heterophonie", „Improvisation ajoutée";**
**RSO Frankfurt, Michael Gielen, Gerd Zacher (Orgel)**
Wergo CD 6645 2

# Ein Rätsel zum Jubiläum 200

*Ei, wie die beiden Nullen dort droben herrlich eitel prangen. Da wird's mir wie ihnen stolz um den Bauch. Zum Ausgleich für all die Jahre meines wöchentlichen Hörens sollen jetzt die Leser leiden. Ein Rätsel, sphingisch wie die Sphinx. Der Hauptaktive der Aufnahme wurde direkt am Meer geboren (wo der Euro nichts gilt), die anderen kommen aus BHX, der Dirigent nicht aus Cyrene. Alle Beteiligten könnten beinahe im selben Meer schwimmen – und zum Massensport auch den Komponisten abholen, wenn der noch lebte. Auch seiner Wiege war das Wasser nicht fern gewesen. Komponist, Meergeborener und Dirigent hätten unterschiedliche Pässe. Der Grundton des Stücks, wie er bei Guido von Arezzo hieß, verdoppelt heutzutage das Kontraspiel. Die Ziffern der Opuszahl kommen im Jahr der Uraufführung vor, der Komponist wirkte damals übrigens an vorderster Stelle mit; dreimal sind seine Initialen und die des damaligen (sonst geigenden) Dirigenten identisch. Ort der ersten Erprobung war eine deutsche Großstadt. Der präsentierte unlängst Señor Bieito jene Oper, deren Held die italienische Antwort auf den Vornamen unseres gesuchten Komponisten bietet. Und der Name der Schallplattenfirma? Bei ihr stehen ein Ton der Tonleiter in heutiger und solmisierter Notation hintereinander.*

*Wir fragen: 1) Welcher Komponist? 2) Welches Werk?*
*3) Welche Interpreten? 4) Welche Plattenfirma?*

174 **Auflösung auf Seite 176**

Rätselauflösung:

Tipp 150 von Seite 99:
1) „Der Zar läßt sich photographieren" (Oper)
2) Georg Kaiser (Librettist)
3) Kurt Weill (Komponist)
Capriccio CD 60007-1

Tipp 200 von Seite 174:
1) Johannes Brahms (Komponist)
2) Klavierkonzert Nr. 1 d-moll (Werk)
3) Leif Ove Andsnes (Klavier), City of Birmingh
Symphony Orchestra, Simon Rattle (Dirigen
4) EMI (Plattenfirma)
EMI CD 5 56583 2